企业阅读 本土实践

管理 · 人文 · 生活

处方药零售这样做

一位零售经理的工作心得

田军◎著

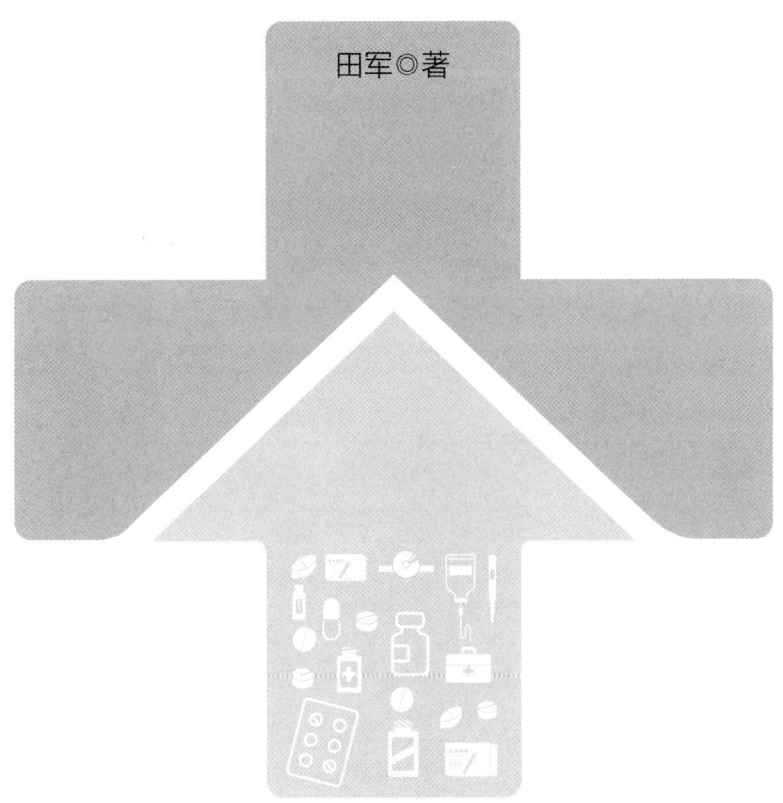

中国青年出版社

律师声明

北京市中友律师事务所李苗苗律师代表中国青年出版社郑重声明：本书由著作权人授权中国青年出版社独家出版发行。 未经版权所有人和中国青年出版社书面许可，任何组织机构、个人不得以任何形式擅自复制、改编或传播本书全部或部分内容。 凡有侵权行为，必须承担法律责任。 中国青年出版社将配合版权执法机关大力打击盗印、盗版等任何形式的侵权行为。 敬请广大读者协助举报，对经查实的侵权案件给予举报人重奖。

侵权举报电话

全国"扫黄打非"工作小组办公室　　中国青年出版社
010－65233456　65212870　　　010－50856057
http://www.shdf.gov.cn　　　　　　E-mail:bianwu@cypmedia.com

图书在版编目（CIP）数据

处方药零售这样做：一位零售经理的工作心得/田军著．—北京：中国青年出版社，2018.9
ISBN 978－7－5153－5293－0
Ⅰ.①处… Ⅱ.①田… Ⅲ.①药品—零售—经验 Ⅳ.①F763
中国版本图书馆 CIP 数据核字(2018)第 204728 号

处方药零售这样做：一位零售经理的工作心得

田　军 / 著

出版发行：中国青年出版社
地　　址：北京市东四十二条 21 号
邮政编码：100708

责任编辑：刘稚清
封面制作：久品轩

印　　刷：河北宝昌佳彩印刷有限公司
开　　本：710×1000　1/16
印　　张：15.75
版　　次：2019 年 4 月北京第 1 版
印　　次：2019 年 4 月第 1 次印刷
书　　号：ISBN 978－7－5153－5293－0
定　　价：98.00 元

感叹时光飞逝,遥记大学时光历历在目,转眼已经工作十年了,把美好的青春年华奉献给了医药零售事业。十年来,有太多的话想说,结合市场的发展和政策的变化,以及我所在公司成功的处方药零售市场经验,把自己的工作经验进行了总结和梳理。在提笔写书的时候,我刚刚拿到工商管理硕士的毕业证,在写作硕士论文的时候,把自己所学到的管理学知识和十年的工作经验进行了总结和梳理。在取得学术成果之际,稍有点沾沾自喜,但是转念一想,我十年的工作经验为什么不再进行总结和提炼,完成自己一个小小的梦想,写一本书出来。

处方药在医药行业的零售市场有着举足轻重的作用,据统计,2010—2014年,药店渠道处方药的平均销售占比在32%以上,与OTC基本持平,随着医改的推进,此占比逐年提高。世界最大的制药公司辉瑞在2012年时,处方药的零售市场中八个产品的规模近10亿元。2015年,正大天晴药业主要的三大产品的零售市场首次突破10亿元大关,规模达到12亿元。**虽然单个公司的成绩仅仅是冰山一角,不能代表行**

业的发展，但是说明在市场格局的变化中，零售市场起到了举足轻重的作用，使得大家越来越重视零售市场这块诱人的大蛋糕。

我参考了深度分销的理论研究，结合处方药零售的现状，认为处方药的零售市场主要是做覆盖面的工作，书中会详细介绍。20世纪90年代末，深度分销的概念在我国出现，最早见于三得利啤酒在江苏省连云港市成立的第一家中外合资啤酒厂，一时间"终端为王""渠道扁平化""自建营销网络"等盛极一时，尤其是在快速消费品行业。而深度分销的理论在我国出现的时间不长，相关的理论和发表的文献较少，且实际应用的研究不多，尤其是针对医药行业的深度分销，鲜有成型的理论体系研究。在实践上，深度分销更多地停留在探索阶段，虽然一些企业已经具有了深度分销的思路，但是实际运作并没有取得预期的效果。

我结合自己的工作实践，对处方药零售的总结如下：

一个中心：一切以销量为中心，作为销售人员，提高销售业绩是天职。

两个基本点：渠道建设和终端管控。渠道建设主要是渠道网络的建设，终端管控主要是价格管控和准销制度的执行。

渠道管理的三大内容：实物流、资金流、信息流。

四大意识：可变意识、服务意识、安全意识、危机意识。

第二终端的五大工作策略：覆盖、促销、客情、培训、陈列。

流向的六大要素：产品、规格、批号、数量、日期、往来单位。

流向的七点要求：流向的三大内容分别是购进、销售、库存；流向的四大特征是真实、及时、准确、完整。

日常工作的八大表格：客户档案表、周总结计划表、费用预算及追踪表、旬报表、VIP追踪表、业绩统计表、流向汇总表、进销存表。

九大心态：自信、积极、乐观、主动、勤奋、踏实、团结、勇敢、坚持。

十大素养：敬业、专业、守时、不抱怨、信守承诺、戒骄戒躁、自我否定、执行力、责任心、敢于拒绝。

本书是我从处方药生产厂家的视角，结合十年的处方药等级医院以外的零售市场的营销经验。我认为，医药营销的3.0时代已经到来，需要掌握三个关键点：一是持续与广阔，学术推广是最佳的可以持续的做法；二是安全与规范，也就是倡导的合规营销；三是推广模式的改变，从以交际为主的方式向以学术推广的方式转变来做好医药营销。

感谢博瑞森图书的张本心总经理和编辑李俊丽。本书既是我工作十年的结晶，也是所在企业成功的经验分享。在国家医改红红火火，医药行业人都对零售市场这块大蛋糕蠢蠢欲动之际，希望能够在完成自己出一本书的心愿的同时，把自己十年来在处方药零售市场的经验分享给更多的同行朋友。

序 言 / I

第一章 正确认识处方药零售

第一节 处方药零售是什么 / 003

第二节 处方药零售的终端分类 / 007

第三节 处方药零售代表要做什么 / 009

第四节 处方药发展的不同阶段 / 013

第二章 处方药零售开局四步走

第一节 渠道盘点 / 019

第二节 战略定位 / 027

第三节 渠道优化 / 034

第四节 用好渠道资源 / 040

第三章 产品细分策略

第一节 产品定位 / 049

第二节　按不同的市场层次分类 / 054

　　第三节　销售策略对产品细分 / 059

　　第四节　打造核心单品 / 062

第四章　区域规划和客户分级

　　第一节　区域规划与管理 / 069

　　第二节　客户分级 / 077

第五章　价格的设定

　　第一节　处方药的价格特征 / 091

　　第二节　管控价格的重要性 / 099

　　第三节　价格体系的设置 / 104

　　第四节　价格设置的要点 / 113

第六章　零售市场的运营管理

　　第一节　运营手段 / 121

　　第二节　运营方法 / 129

　　第三节　运营措施 / 139

　　第四节　保障手段 / 146

第七章　渠道控制

　　第一节　渠道控制的背景 / 153

　　第二节　为什么要控制渠道 / 156

　　第三节　如何控制窜货 / 160

　　第四节　如何管控渠道 / 165

　　第五节　流向管理 / 169

第八章　第二终端的工作策略

　　第一节　覆　盖 / 179

　　第二节　促　销 / 184

第三节　陈　列／189

第四节　培　训／193

第五节　客　情／197

第九章　人员管理

第一节　人事管理／205

第二节　人员的日常管理／211

第三节　提高员工的能力／215

致　谢

处方药零售这样做

第一章 正确认识处方药零售

当前,"医疗、医保、医药"三医联动的综合改革已经进入深水区。随着相关配套政策密集出台,分级诊疗、现代医院管理、全民医保、药品供应保障、综合监管等方面的制度建设将是下一步深化医改的重要突破方向,仿制药一致性评价、药品流通"两票制"、家庭医生签约、医保付费方式改革、医保总额控制等政策举措,覆盖了从药品供给侧到需求侧的各个重要环节,将逐步打破现有药品流通领域的价值链条,流通领域和零售连锁都呈现出集团化、集中化、规模化的发展趋势,为处方药的零售带来新的机遇。

2015 年,医院终端的市场规模为 9517 亿元,而同期药品零售终端的市场规模仅为 3111 亿元,医院用药占比高达 75%。预计处方外流放开之后,门诊用药将会有很大比例通过零售终端销售,处方外流的理论增量空间短期内超过 2000 亿元,长期(2020 年)将达到 9000 亿元。

假设:处方外流率 50%,门诊用药占比 50%,长期(2020 年)药占比 30%。

短期的理论空间 = 1.3 万亿 × 75% × 50% × 50% = 2438(亿元)。

因此,长期的理论空间 = 8 万亿 × 30% × 75% × 50% = 9000(亿元)。

第一章
正确认识处方药零售

第一节　处方药零售是什么

要清楚地认识处方药零售的含义,主要从三个方面理解:一是国家政策的变化;二是市场环境的变化;三是处方药零售所要具备什么样的条件。

一、了解处方药零售所面临的政策环境

对于各地医保部门而言,**人们对医疗服务日渐增长的需求和医保资金的短缺存在巨大的矛盾**。如何既能保证患者享受到更好的医疗服务,又能解决医保资金的短缺问题,国家和地方政府一直在努力着。首先是通过分级诊疗来引流,把高端医院的病人分流到基层医疗机构,既能够减轻高端医院床位不足的压力,又能够打破基层医疗机构没有患者的尴尬局面,关键是能够帮助更多的患者在基层治疗常见的疾病。笔者就曾有过深刻的体会,孩子生病发热了,去当地省级儿童医院,凌晨一点多去挂号排队,结果给孩子看病的那个医生因为病人太多明显体力不支,

问了两三遍症状，并且后面还有很多孩子在排队，简单地诊断之后觉得没有大问题就让回家了。结果回家之后，孩子连续几天还是咳嗽、发烧。于是，我们选择在门口的社区卫生服务站就诊，看病的孩子又少，医生的服务又好，设备也都很先进，就在社区卫生服务站给孩子做了几天雾化，彻底地治好了感冒。

除了分级诊疗对患者的政策引流外，国家大力支持零售市场的发展，比如开始放开处方药的零售和鼓励连锁药店的发展。从相关政策可以看出，对处方药零售市场的放开已经成为事实，真可谓处方药零售的春天来了。

二、处方药零售所面临的市场环境的变化

据统计，一个新药作为处方药的寿命周期平均约8年，而转成非处方药后，平均寿命可长达34年，有的甚至超过50年，销售额可以增加4倍。比如德国拜耳的阿司匹林，在市场上已经有100多年了，从24万马克的销售额增长为现在的2亿马克。因此，零售市场的开发意味着新的患者数量的增加，如果营销做得好，可以为处方药企业带来新的利润增长点。

2016年，全国药品零售市场整体规模为2466.9亿元，百强药店首次突破1000亿元，占总市场的四成，并继续保持两位数增长。因此，医药终端集中化、规模化已成定局。据不完全统计，处方药零售主要来自连锁药店的市场，大型的零售连锁药店的发展为处方药零售带来更多的销售机会。同时，随着流通领域的行业大洗牌，减轻了药企人员管理渠道的难度，使得处方药零售有了更多的销售机会。

对于零售终端而言，尤其是零差率的到来，给连锁药店的毛利空间又一次带来了巨大的挑战，到底是要利润率还是要利润额，要客流量还是要客单价。给零售药店带来新的机遇的同时，也给零售药店的经营提出了新的挑战。因此，药企和零售连锁药店如何共同服务好患者是处方药零售的真正机会点所在。

从销售策略层面而言，提到处方药及医院，也许你马上会联想到新闻媒体反复报道的医疗反腐问题。随着医改的推进和检察机关的大力整治，此种情况在2017年得到有效的遏制。整顿以后，没有了受贿，就意味着没有了回扣。那么，没有回扣，到底如何开展营销呢？这对之前多年躺在"带金销售"舒适圈的国内药企形势空前严峻！面对广阔的基层市场，如何让有限的医药代表覆盖基层医生？**唯一的出路就是两个字——合规**！同时，医药代表回归本来的职能是应有之义，医药代表不得承担药品销售任务，并不是要砸掉300万医药代表的饭碗。而是要以合规、合理的方式引导，促进医药信息提示的正当传播、促进医疗界的学术交流。医药代表负责药品的学术推广，向医务人员介绍药品知识，听取临床使用的意见建议，医药代表的学术推广活动应公开进行，在医疗机构指定部门备案。国家政策层面开始规范药品学术推广行为，实行医药代表注册制，药品上市许可持有人须将医药代表名单在食品药品监管部门指定的网站备案，向社会公开。

三、认识处方药零售所具备的条件

处方药的市场特征：处方药不允许开架销售，处方药不允许在大众媒体上做广告，但可以在经过批准的专业期刊上做广告。处方药一般不作为家庭常备药品，必须凭医生处方调配，并在医生指导下使用。通常情况下，处方药市场消费的主动权在于医生而不是患者。从消费需求来分析，**患者的需求是由医生创造出来的，而满足需求的工作既可以是医疗机构，也可以是零售药店。**

处方药的零售市场，不同公司的称呼不一样，有的公司称为广阔市场，有的公司称为基层市场，还有的公司称为第三终端市场。但是不管何种称呼，在此需要明确一个前提，就是处方药的零售市场必须建立在等级医院有了一定的处方量带动的基础下的零售市场的拓展。分级诊疗也好，医药分家也好，在医改纵深推进的过程中，医生对处方药的药品特性和学术基础已经有了一定的基础。不是从零开始做基层市场的，对于没有任何学术基础的药品，在拓展零售市场时，与非处方药又有何区别呢？

显然，处方药必须在医生开了处方以后才能购买，且不允许做广告和做宣传，是治疗复杂疾病的药物。而 OTC 药品是普通的常见药品，比如感冒、中暑、皮疹等症状相对轻微，且患者如果具备一定的常识可以通过说明书判断并自行购买服用的药品。

因此，本书所描述的处方药的零售市场更多是建立在已经有了等级医院处方量带动基础下的零售市场的拓展。适合处方药零售市场的药品是药企在医院终端市场耕耘多年，在患者心目中树立了良好认知的药品。若要作为核心推广药品，还要有比较明显的竞争优势和治疗效果。简单地从规模判断，独家/专利药品医院销售规模应该在 5 亿元左右，非独家药品的销售额应该在 1 亿元以上才可以考虑做终端市场零售。从区分剂型来说，零售药店侧重于销售口服药，而医疗机构偏重于销售注射剂。对于零售药店而言，有处方带动，就会有患者就近去药店购买，就会给药店带来销售机会；对于诊疗机构而言，包括诊所、民营医院、厂矿医院、社区卫生服务站、乡镇卫生院等，因为等级医院的学术拉动，相关的处方医生对在零售市场拓展的这个药品有一个初步的认知，这和每个地方学术水平的强弱和学术氛围有关，也和该地区学术带头人的带领有关，权威的学术专家的合理化建议给更多的临床医生带去了基本的治疗方案和相匹配的治疗药品。

第二节　处方药零售的终端分类

学术界根据传统的终端分类方法,把能够销售药品的医药零售终端分为三个终端:**第一终端是指大型医院,第二终端是指药房,第三终端是指乡镇医院及诊所。**本书中的医院市场主要拓展的终端是第一终端,零售市场主要拓展的终端是第二终端,第三终端次之。

企业界具有代表性的信息咨询公司中康资讯根据目前医药市场的特征,将药品终端细分为以下六大终端:

(1) 城市等级医院市场。地级及以上城市的二三级医院(含部队医院)。

(2) 县域等级医院市场。县(县级市)二级及以上医院(含部队医院)。

(3) 城市基层医疗市场。地级及以上城市一级医院＋地级及以上城市社区卫生服务中心(站)。

(4) 农村基层医疗市场。县(县级市)一级医院＋县(县级市)

社区卫生服务中心（站）＋乡镇卫生院＋村卫生室。

（5）零售药店市场。所有获得药品经营许可证的实体药店。

（6）网上药店市场。所有获得互联网药品交易服务许可证的网上药店。

本书所描述的医院市场，是指城市等级医院市场和县域等级医院市场，也就是前面提到的第一终端。同时，笔者所在公司的零售市场主要拓展的是城市基层医疗市场、农村基层医疗市场、零售药店市场、网上药店市场。**处方药零售尤以零售药店市场为目前主要的核心市场，也就是第二终端市场。**分开来说，城市基层医疗市场和农村基层医疗市场属于第三终端市场的范畴，网上药店市场因为受制于国家政策，目前处于半开放阶段。

第三节　处方药零售代表要做什么

负责处方药的零售代表和 OTC 代表在拓展零售市场的过程中，还是有很多不同之处的。因为 OTC 代表偏重于 KA（Key Account）连锁，在针对重点门店的拜访过程中，通过公司的各种活动、相关的政策，甚至是广告等来拉动患者对该药品的需求。而处方药的零售代表在日常的工作中更多的是偏重于满足患者需求的工作，处方药因为药品的特殊性（需要医生处方）决定了药店的店员不能轻易地推荐，因此本质的区别是 OTC 代表是创造患者需求的工作，而处方药零售代表更多的是在做满足患者需求的工作。

下面来认识一下处方药零售代表的工作。

一、基层市场队伍（零售市场队伍）的职能

最大限度地满足第一、第二、第三终端的需求，即让患者最便捷地购买到和使用到××公司的药品。其主要目的是满足患者对处方药方便

购买的需求。为什么会有这样的界定，主要是因为当等级医院的医生处方了公司的药品之后，就诊的患者来自周边不同的区域，深度分销的目的是方便农村偏远地区交通不便的患者再次购买和服用处方药品。处方医生承担着创造需求的职能，而深度分销更多的是依靠品牌和渠道来做满足患者需求的工作。这也是渠道销售区别于推销的地方，推销员更多的是在创造需求，而药品的需求主动权在医生而不在患者手中，做好满足需求的工作已经很了不起了。这也是零售代表区别于医药代表的地方，医药代表主要的工作是对医生进行学术推广，而零售代表侧重于渠道的管控和零售药店的一线销售人员的学术推广工作。

二、零售代表的主要工作

（1）保证公司的资金安全：做好资金流、物流、信息流的工作。

资金流：签合同、下订单、发货、回款，其实就是商务代表所要做的事情；

物流：跟踪发货情况、处理破损、退货、近效期药品等和药品实物流相关的工作。

信息流：流向的收集工作、业绩的统计、销售市场的分析、公司要求的各种报表和日常工作报表的填写等。

（2）保障药品的供应：对公司目标医院、目标药店、目标连锁药店、目标终端等目标客户的及时供货。如果有的药企划分了独立的商务团队，这些就是商务代表的主要工作。

（3）基层市场的拓展：商业公司/经销商、连锁药店、单体药店，主要工作是扩大覆盖、保证合理库存、协议的签署、资料的准备、新连锁的开发、原有连锁门店覆盖数的增加、商业公司/经销商终端覆盖数的增加。工作重心是经销商平台和零售药店平台，从这两个地方产生销售业绩。包括做好陈列、客情、培训的工作，将在第二终端策略中的覆盖章节进行详细的介绍。

（4）原始流向的打印和获取，确保流向的真实、准确、及时、完整。进销存的完整及前后逻辑关系的成立，对流向真实性的检查和校对。

（5）熟悉档案，了解市场：零售代表熟悉所负责区域内的行政区划，都有哪些地级市、哪些县级市、哪些镇等；熟悉目标医院的名称、数量；熟悉商业及连锁的名称、级别、地址、负责人等；熟悉所销售的药品、主要品种、规格、包装数、商品名、适应证、用法用量、禁忌症等；了解市场情况，医院市场和零售市场各自的销售额是多少，竞争药企的销售情况如何，主要客户的销售情况等。

（6）零售代表自身的素质情况，包括演讲技能、拜访技巧、对国家政策的理解、对处方药产品专业知识的学习、对自己工作职责的熟悉、对公司规章制度的学习等，需要从不同方面提升自身的综合实力。

总之，根据目前的市场环境，在不同的医药生产药企、不同的零售连锁，对处方药的零售市场的重视程度参差不齐。不管哪个处方药的生产企业、哪个零售药店，趋势已经形成，不管你重不重视，都将会被时代的潮流推向处方药的零售市场这个广阔的天地。那么，具体应该怎么开始呢？主要分为三步：

第一步是希望更多的药企能够意识到处方药零售是未来的发展方向，也希望更多的零售药店能够意识到处方药的销售将会在未来的药品结构中占比稳步提高，只有用变化的意识才能清醒地认识到处方药零售势在必行，也只有用发展的眼光，才能抓住医改和当下时代所赋予的市场机会。

第二步是对于已经有处方拉动基础的市场，开始放开处方药的零售市场，并且一定要踏踏实实地做好渠道的管控工作，让愿意承接处方药外流的药店尽早地做好院内和院外市场的衔接工作。零售药店要主动出击，寻找处方药较大的药品并尽早上柜销售。

第三步是对于销售基础好、处方量较大的药品，且已经有一定零售市场基础的药品，针对潜力市场，药企可以根据公司实际的需要开展KA连锁的重点拓展工作，开始从面下沉到点，把每个大的点做大做深，再由大的门店的点来带动整个市场中面的发展。零售药店则要做好患者的服务工作,不能一味地追求毛利率,要改变思想,在为患者服务中谋求生存与发展。

第四节　处方药发展的不同阶段

某公司从 2007 年单独组建零售团队开始，笔者有幸见证了某公司这十年的发展，见证了公司零售市场的发展历程。从 2007 年开始尝试探索如何拓展零售市场开始，到今天已经有了非常成熟的推广经验。下面将某公司处方药零售市场的发展分为四个阶段，逐一分析如下。

第一阶段：限制阶段。

2008 年之前，药企和医药批发企业都没有意识到去管理市场，一味地以销售额论英雄。随着中国改革开放的发展，中国的医药市场发展突飞猛进。从 2005 年开始，中国医药市场的发展良莠不齐，开始出现了 OTC 产品的团队推广，对于处方药而言，当时可谓是乱象丛生。尤其以华北地区的石家庄为代表的医药物流集散地，形成了巨大的窜货网络，华中、西南、华南、华东分别有代表性的医药窜货集散地。截至目前发展最好的是安徽的太和市场。2005 年前后，窜货的问题一直困扰着众多的医药企业，那么，如何管理和约束好零售市场的窜货问题，则成为当时的焦点。

所谓的限制，就是针对某些医药批发企业，在某一范围内限制其取得某药品的销售资格。比如当时在××省实现了黑名单制度，给全省的一级经销商和二级经销商发通知，某公司要求这些重点的合作伙伴一起配合，不将公司药品销售给黑名单上的医药商业批发企业，取消其销售公司药品的资格，达到管控渠道的目的。因为在黑名单上的这些企业的销售流向是没有办法监控的，它们的销售行为也是没有办法约束的。结合相邻省份查到的药品信息，基本上都是黑名单上的这些客户销售到外省的，所以在万般无奈的情况下采取限制销售的策略，在当时取得了相当不错的效果。

第二阶段：调整阶段。

2009—2011年，全国大多数省份陆续以省为单位集中进行招标，处方药药品开始在各个省份之间形成了价格差，由于价格差的产生，难免会存在窜货的情况，一旦管控不善，将会直接损害一级经销商的利益。在这种情况下，医药批发企业也开始意识到这个问题，全国大型的批发企业开始主动和生产药企一起配合管控销售渠道，比如九州通集团先进的信息系统支持和销售团队的重视。在此背景下，某公司在召开营销会议的时候，讨论得出管控渠道的一项制度，称为"准销制度"。该制度实施的核心分为四个方面：定区域、定客户、定产品、定价格，在渠道管控的章节会进行详细的介绍。

第三阶段：规范阶段。

2012年和2014年，逐步进入规范化的阶段，此时的医药行业也实现了较好的增长，但是医改的问题依然是老百姓非常关心的话题。国家发展和改革委员会对全国药品的零售价格进行了限制，有效地遏制了药品价格虚高的趋势。随着国药集团和华润集团在全国的跑马圈地，中国的医药批发市场逐步走向集团化和规模化。

此时，某公司推出了价格链和利润链，设置不同级别的医药批发企业销售给不同客户的价格，进一步要求医药批发企业共同协助公司管控好零售市场。此项措施的实行，使得某公司的商务兼零售团队对于医药渠道的管控有了系统的管理手段，不同类型的客户销售某公司药品所赚取的利润不同，提高了商业客户销售的积极性，此时也正好是某重磅药品的快速增长期，某公司在取得销售增长的同时，也让医药行业的零售市场的各个环节都赚取到可观的利润。在某公司发展零售市场的过程中，也方便了患者就近购买长期服用的药品。

比如西部某省份的某个县里农村的患者，需要坐一天的车才能到省城，住一晚之后，第二天一大早去排队，结果有可能拿到第三天的号。正常情况是当天挂到号，当天等检查结果出来，拿到药一天也过去了，第三天才能回家。最快需要三天时间才能去省城大医院看一次病。如果遇到医院人多，挂号排队需要等待几天，时间成本非常高。如果在省城大医院看了一次病之后，回到自己家附近的县城医院能够做基本的检查，同时能够在患者家所在的镇上药店购买到需要长期服用的处方药，这对患者来说就是提供了很大的便利。因此，处方药零售就是将满足患者的购买便捷需求作为第一出发点去开展的营销工作。

第四阶段：深入拓展阶段。

2015年之后，中国的医药市场增速开始放缓，新版GMP（Good Manufacturing Practices，药品生产质量规范）的实行和医改的深入推进，极大地缓解了老百姓"看病难，看病贵"的问题。全国医药市场的发展虽然参差不齐，但是随着行业的发展，以及一系列国家政策的规范化措施，使得医药市场进入合规和稳健的发展期，国家新版的GSP认证工作也使得很多小型的医药企业开始退出历史舞台。从限制抗生素的使用到公立医院的医疗改革，到福建的两票制，加上2015年国家开始放缓对新药的审批，中国的医药市场有效地改善了乱象丛生的局面，逐步走向规范化的阶段，医药流通各环节的利润也逐步趋向透明化。未来的竞争将是企业综合实力的竞争，某公司一直致力于新药的研发，陆续推出高端仿制药，在DTP市场中深入挖掘市场潜力的同时，极大地减轻了患者的经济负担。某公司在处方药的零售市场有意识地和连锁药店加强合作，签署战略连锁协议，组织和连锁药店有关的各类活动，逐步和连锁药店形成战略联盟来应对医药行业的变革。

处方药零售这样做

第二章 处方药零售开局四步走

在认识处方药零售的相关概念和市场之后,对于开始着手做处方药零售的药企而言,需要有一个良好的开局,主要分为四步走,分别是渠道盘点、战略定位、渠道优化、用好渠道资源。

第一节 渠道盘点

对于门店来说，需要定期或不定期地对仓库或门店的实物和业务系统的数据进行核实，确实掌控货物的"进（进货）、销（销货）、存（存货）"，简单地说就是清点实物，其目的是避免囤货或缺货的情况。那么，在渠道中就是对现有渠道进行评估，将目前的渠道现状和实际市场情况进行匹配追踪的过程。

渠道盘点的过程，就是找销售机会的过程。 一个找字包含了无尽的销售哲学。经销商在找产品，药企在找经销商，零售终端在找赚钱的产品，患者在找高品质的药品。

渠道盘点的内容，主要包括以下两个方面：

第一，了解清楚区域内主要的批发企业有哪几家，优势终端是哪些。

比如九州通以小公司批发为主，有的公司以民营医院为主，有的公司以单体药店为主，有的公司以乡镇以下私人诊所为主，有的公司以乡镇卫生院为主。对于不同经销商的优势终端或者优势区域，要了解清楚特定区域内客户的网络资源都有哪些。当然，如果因为政策等原因需要和经销商直接开户做一级商的药企，需要慎重地调查经销商的资金状况。

第二，了解清楚区域内零售连锁的情况，百强连锁是哪几家店。

较有优势的但不在百强的中型连锁药店有多少，分别是哪几家。小型连锁，主要是以10家、20家门店为主的连锁有哪些。需要了解的内容包含连锁规模、门店数、优势的区域，大多数连锁对于特定的区域有优势，某一家连锁药店能够在特定区域内起到龙头作用的情况少之又少。目前，笔者比较熟悉的就是重庆市开州区大药房，在开州区占据绝对的零售地位。根据行政级别划分，县城一般会有核心的大型单店，乡镇以下有乡镇的小型连锁，以及需要了解哪些是DTP门店，三甲医院周围都有哪些药店等。不一定能够了解所有的终端客户，但是需要对代表性的区域结合人口、经济、交通等指标做出综合的判断。

渠道盘点的方法其实就是市场调研，通过市场调研了解渠道的网络覆盖能力。了解渠道的主要手段可以是市场调查问卷，但是在日常的工作中，通过行业数据分析、年鉴、行业内和不同药企销售代表之间交流的方式较为便捷。渠道盘点是对渠道进行筛查的过程，是企业对渠道自我检测的过程，渠道盘点是一个动态的持续的过程，需要定期和不定期地做好这项工作。

当你做完渠道盘点之后，对于市场情况进行分析，和自己目前选择的渠道客户现状进行匹配，主要从以下两个方面开始：

第一，对于调研的渠道网络资源，经销商覆盖情况，或者是同行业同仁介绍的客户状况和自己的现有客户进行匹配，通过简单的比对，就可以找出哪些客户还有销售的机会。

第二，根据了解到的连锁情况、药店情况，匹配自己公司目前的产品实际情况，以及目前自己公司产品的覆盖情况，就可以明显地找出哪些是零售客户，或者哪些产品还有销售的机会。

总之，渠道盘点的目的是用来找市场机会、找差距的，了解当前渠道成员的能力是否适合当前新医改的需要。渠道盘点的过程，是对渠道进行重新选择和调整的过程，是在现有渠道的基础上对渠道成员进行优化的过程，其最终目的是让企业渠道的发展在适应医改的变化道路上立于不败之地。

某公司目前零售市场存在的问题分析如下：

刚才分析的是以经销商和零售连锁公司层面为主，下面从零售终端层面进行分析。对于渠道盘点，举一个实际案例进行分析，随着国家医改的纵深推进，尤其是分级诊疗和两票制政策的逐步落地，将会对未来的零售市场提出更大的挑战，在分析处方药零售市场的实际工作中，发现主要存在的问题。这也是处方药在广撒网的指导思想下所面临的最大的问题。根据目前的发展状况，本案例研究认为急需改进的地方有以下三个方面，零售终端的覆盖率低、慢病管理的营销意识薄弱、组合销售的手段欠缺。

1. 零售终端的覆盖率低

本节所分析的覆盖率从两个角度取得数据，一是某公司零售市场销售的所有药品2016年某季度和2016年的覆盖率占全国整体药店的覆盖情况；二是某公司下辖的某个大区（9个省份）统计到的2016年前三个季度中，零售市场五个药品和其他药品的分产品在所有零售终端的覆盖占整个覆盖数的比重情况。

（1）根据某公司的零售市场数据统计报表分析，了解某公司的产品覆盖率占全国整体药店的覆盖情况。表2-1分析了某公司所有在零售市场销售的产品占全国药店总数的覆盖比例。

表2-1 2016年某季度及全年覆盖率分析

省份	药店总数	2016年某季度药店覆盖数	2016年全年药店覆盖数	2016年某季度覆盖率	2016年全年覆盖率
江苏	21291	9173	12007	43%	56%
福建	9049	3334	4744	37%	52%

续表

省份	药店总数	2016年某季度药店覆盖数	2016年全年药店覆盖数	2016年某季度覆盖率	2016年全年覆盖率
湖北	11930	3239	4461	27%	37%
浙江	16925	4400	6241	26%	37%
河南	18757	5063	6432	27%	34%
陕西	9574	2034	3088	21%	32%
上海	3536	941	1099	27%	31%
湖南	17343	3126	4887	18%	28%
安徽	14074	2984	3863	21%	27%
江西	10274	2027	2794	20%	27%
北京	5215	745	1319	14%	25%
宁夏	1906	236	477	12%	25%
河北	17409	2513	4036	14%	23%
重庆	14102	2210	3040	16%	22%
云南	12261	2080	2637	17%	22%
山西	10026	1240	2010	12%	20%
山东	33003	4060	6282	12%	19%
黑龙江	18097	2881	2981	16%	16%
内蒙古	10506	942	1576	9%	15%
四川	40501	3697	5959	9%	15%
辽宁	17630	2331	2585	13%	15%
天津	3910	215	536	5%	14%
广东	54603	5114	7176	9%	13%
广西	15519	1382	2008	9%	13%
海南	3577	236	369	7%	10%
甘肃	7296	585	743	8%	10%
新疆	8055	471	767	6%	10%
吉林	13699	1185	1103	9%	8%
贵州	12664	426	729	3%	6%

续表

省份	药店总数	2016年某季度药店覆盖数	2016年全年药店覆盖数	2016年某季度覆盖率	2016年全年覆盖率
青海	1837	55	70	3%	4%
西藏	351	14	16	4%	5%
全国	434920	68939	96035	16%	22%

注：药店总数为2016年全年数据，来源自CFDA。某公司药店总数为连锁门店与单体药店之和。

（资料来源：某公司企业内部资料及CFDA统计数据）

从表2-1可以看出，2016年某季度的覆盖率仅占全国药店数的16%，某公司零售市场所有产品的覆盖仅仅占全国药店总数的22%，基本上才覆盖了1/5的零售药店，覆盖率严重不足。从表中可以看出，各个省份的发展不均衡，有13个省份的覆盖率超过全国平均水平，有2个省份的覆盖率和全国平均水平持平，其余16个省份的覆盖率低于全国水平，江苏省和福建省的占比最高，所有药品的覆盖率均超过50%。由此可见，在第二终端——零售药店的覆盖率还有很大的提升空间。

（2）根据某公司内部的统计报表，截取2016年前三个季度的数据，对5个药品的覆盖情况进行分析，以季度购进终端数的变化作为手段进行分析，表2-2中的数据来源于某公司下辖的某个大区（9个省份）统计的销售数据分析。

表2-2 2016年前三季度各产品的覆盖率分析

项目	一季度	占比	二季度	占比	三季度	占比	三季度合计	占比
A药品	12312	22.4%	12421	22.2%	13769	23.0%	38502	22.5%
B药品	8681	15.8%	8049	14.4%	8344	13.9%	25074	14.7%
C药品	8039	14.6%	8138	14.5%	9083	15.2%	25260	14.8%
D药品	4572	8.3%	4967	8.9%	5148	8.6%	14687	8.6%
E药品	6932	12.6%	7098	12.7%	7546	12.6%	21576	12.6%
其他	13881	25.3%	14891	26.6%	15379	25.7%	44151	25.9%
合计	54927	100%	56047	100%	59860	100%	170834	100%

（资料来源：某公司企业内部资料）

表 2-2 分析的是零售市场 5 个药品和其他药品在 2016 年前三季度占整个覆盖数的比重。如果单独分析 2016 年三季度，某公司下辖的某大区所有药品不重复的总覆盖的终端数是 59860 个，A 药品覆盖 12769 个终端，占比 23%，该覆盖水平和全国平均水平相当，本统计数据剔除了重复覆盖的终端，表明各药品覆盖的终端数不同的终端非常多。如果单独看单一药品，和总的覆盖数对比，除了 A 药品覆盖较好外，其余药品的覆盖数严重不足，提升覆盖数的空间很大。这里的覆盖数据包括第二终端的季度购进终端数的比例和第三终端（社区卫生服务站、乡镇卫生院、厂矿职工医院、诊所）的季度购进终端数比例。此数据同时也验证了前面全国的数据分析的结果，如果从所有零售市场的终端来分析，覆盖率也非常低，未来覆盖率的可提升空间也非常大。

2. 慢病管理的营销意识薄弱

下面分析另外一组销售数据，单个患者购买 1 盒的频率，为了数据分析的方便和数据获得的真实性，该组数据截取了某公司零售市场中某两个省的 2016 年全年的销售数据（见表 2-3）。

表 2-3　单盒购买次数和单盒购买数量分析

药品	单盒购买次数占总购买次数			单盒购买数量占总数量		
	总次数	单盒次数	占比	总数量	单盒数量	占比
A 药品	15215	1195	7.9%	128970	1194	0.9%
B 药品	5964	891	14.9%	29994	891	3.0%
C 药品	6846	387	5.7%	58144	387	0.7%
D 药品	4288	865	20.2%	22610	865	3.8%
E 药品	1753	232	13.2%	11851	232	2.0%
其他	10925	787	17.4%	110549	785	2.0%
合计	44991	4357	9.7%	362118.4	4354	1.2%

（资料来源：某公司企业内部资料）

从表 2-3 中可以看出，总体来看，单个患者单次购买一盒某公司处方药产品的比例占到总购买次数的 9.7%，单次购买一盒药品的比例占总购买数量的 1.2%。从购买数量来看影响不大，但是从购买次数来看，单个患者购买一盒的频率过高。为什么要分析这个数据呢？因为对于慢性病而言，需要长期服用，如果有接近 10% 的患者每次都买一盒，并且一盒药最短的服用时间是三天，最长的也仅有十天，导致患者购买一盒药以后不能连续服用的概率增大，将会使得患者在症状略微缓解的情况下中途停药，并且该现象非常严重。对于慢性病而言，患者不能坚持长期服用，中途停药将会导致患者的二次感染或者复发以后甚至加重病情。对于单盒购买的比例过高的情况，不仅仅对于药店的店员，还有患者，以及基层医疗单位的医生而言，急需加强医学教育和培训。另外，本研究在不考虑患者的经济实力的情况下，着重从对患者治疗疾病的安全性出发，患者的慢病意识和销售人员的慢病意识淡薄。因此，药企或者药店则需要加强对患者和销售人员的慢病管理方面的培训。

3. 组合销售的手段欠缺

某公司生产的药品基本上是处方药，且是以治疗慢性病为主的处方药，治疗慢性病的处方药产品都是需要长期服用的，并且许多慢性病不能单独服用某一种药品。从目前的零售市场情况分析来看，零售终端的一线销售人员对于慢病长期服用的概念和医学知识欠缺。对于不能单独服用某一种药品的慢性病，没有制定出合理的组合销售策略，从对患者健康负责的角度出发，单就 B 药品（主要治疗乙肝病）而言，必须要配套服用抗炎保肝的药物才能达到最佳的疗效。因此，产品的组合销售策略非常关键。

2016 年，某公司零售市场的销售规模超过 10 亿元，根据各个药品占零售市场总体的比重分析：A 药品的份额是 65%，B 药品的份额是 12%，C 药品的份额是 5%，D 药品的份额是 7%，E 药品的份额是 3%，其他药品的份额是 8%。由此可见，仅 A 药品占据了某公司全国零售市场 65% 的份额，可谓一品独大，其他药品的销售额占比太低，产品结构严重不合理,根据市场后续发展潜力来综合评估,潜力产品的市场贡献严重不足,增长后劲乏力。因此,药企不仅需要维护好现有产品的销售,迫切需要设计出符合目前市场环境的销售策略,同时需要帮助第二终端共同做好零售市场。

另外,对于连锁药店而言,房租成本和人力成本已经占据整体销售的30%,随着固定成本的急剧上升,连锁药店的生存空间日益缩小,目前药店销售处方药的价格和利润空间太小。对于医药生产企业而言,零售连锁药店利用好药企的销售资源,在满足购买处方药患者的购药需求后,做好后续的服务工作,做好会员管理等工作,给零售药店带来长期稳定的发展。会员的管理在后面的章节有详细的介绍。

第二节　战略定位

当前的市场环境下，处方药的零售已经成为不争的事实，做不做已经不是企业再去纠结的问题，而是药企早做还是晚做、自己做还是寻求合作。在这种市场环境下，不同的企业要采用不同的战略方式。对于很多企业而言，如何从零开始，走出打破零的第一步；对于有一定规模的企业，如何快速地借助政策的红利；不管是做零售连锁也好，还是做第三终端也好，如何将渠道向更深一级延伸下去；在摸索中前行，在学习中成长，紧跟国家政策的变化，以不变应万变，才能走得更远。

医药行业有两个耳熟能详的经典案例，案例之一是东阿阿胶：5年间市值增长了15倍，其战略是聚焦主业，实施"单焦点多品牌战略"。因为阿胶品类被边缘化，所以他们选择聚焦阿胶主业，做大阿胶品类，塑造阿胶高端品牌形象。拓展三大市场：巩固补血市场、拓展滋补市场、布局美容市场。聚焦四个终端：稳固要点终端、做强超市终端、拓展医院终端、自建直营终端。再者是优化业务结构，调整市场结构，争取实现OTC、保健品、医院三足鼎立结构。案例之二是近两年的草晶华，打破了人们对中药饮片的传统认识，引入破壁的概念。破壁草本是一种新型饮片，采用现代破壁技术、无添加制成颗粒状，打破植物细胞壁，有效成分更好吸收，可冲服、可煎煮、可料理等多种应用方式，高效吸收，符合现代健康需求。把中药饮片做成保健品，极大地拓宽了销售市场。

一、组织架构的调整

在合规背景下，以往传统的营销模式受到调整，如何进行营销模式的转型升级是当下最需要解决的问题之一；在分级诊疗的推动下，企业战略布局需要进行大刀阔斧的调整。药企是选择大量扩充销售队伍进行自建队伍，还是选择将药品外包和代理出去呢？抑或是选择多种形式的合作（包括药企和药企之间的合作，药企和医药流通企业的合作，药企和零售终端的合作，甚至药企和患者的合作），都将对企业的战略调整提供新的选择。

对于同一个公司，在同一个省份划分了几条产品线的情况，使得公司的资源不能快速整合利用起来。由于处方药因为不同省份招标的影响，政策层面要求设立省级区域为大区，变省区为大区。不需要每个省都设大区，需要根据业务量的多少来划分。业务量少的两个省份或者几个省份可以设立一个大区，设立大区的好处是能够随时应对当地市场中出现的变化；加快反应速度，有利于快速抓住市场机会，也有利于及时处理市场中出现的不利情况。设立大区以后由省级的大区经理统一管理、统一协调，能够避免地方和公司总部扯皮，或者是资源重复消耗的情况。如果大区统一管理，在省区下面划分产品线，能够使大区经理做好可控工作，并且都是同一个市场，大家会一起想办法把市场维护好，给患者带去更多便利。

当然，在这种营销架构下，省区/大区经理的权力很大，公司管理层如何制约大区经理的权力难度很大。对于企业而言，可以引入双重管理的模式，尽早布局，及时发现问题、解决问题。没有完美的架构，没有完美的团队，只有不断调整，不断根据市场发展而变化的企业。因此，需要因企业因市场而定，只是笔者觉得在目前招标形式动态变化的局面下，省区经理统管的模式可能更适合应对不同省份的招标政策变化。

关于营销模式的选择，有的企业选择自己组建销售队伍而采取深度分销的方式，有的企业选择重点做KA连锁的工作，有的企业选择控销的模式，也有的企业选择合作联营的模式，还有的企业一贯坚持招商模式。对于之前没有自建队伍的药企而言，在考虑完自身企业战略后再决定如何拓展。可以进行架构调整，采取事业部制，单个事业部独立核算、单独考核，有利于提高大家工作的积极性。也可以进行集团化推进，通过集团化运作，将公司各部门统一协调、统一部署，在提高效率的同时提高效益，使得集团内部各个部门直接协同配合的能力得到提高，集团化的管理模式能够提高公司的综合管理水平，应对各种复杂的市场变化。**不管企业采取何种渠道布局的策略和模式，都必须和企业整体的发展目标相匹配，一切关于渠道的营销方向都是为企业的整体战略而服务的**。在本节中主要分析已有销售队伍的企业如何进行组织架构的调整来适应处方药的零售市场，重点针对药企如何做好处方药的零售市场，不过多地分析如何转型。同时，由于处方药的特殊性，在企业战略调整的过程中，应该始终坚持学术化为主要营销指导方针，任何时候都不能离开专业学术化的指导方向。

二、"四流"对企业战略的影响

1. 物流的快速发展

物流的迅猛发展，克服了以往物流送货速度慢，不能快速到货的弊端，尤其是铁路和公路的快速发展给医药物流带来极大的便利。不仅仅是国家宏观层面物流的发展，在医药行业内的医药批发企业也是与时俱进、快速发展。比如国药控股施行的智慧物流系统，采取现代化的物流管理手段，将整个仓储、运输、配送过程全程无缝地符合 GSP（Good Supply Practice，药品经营质量管理规范）认证的同时，提高了配送的效率，使得药企能够快捷方便地跟踪实时销售情况和及时地管控渠道的库存。国内各地市大型医药物流园区的建成和投入使用，使得医药物流更加规模化和规范化。当下顺丰速运也开始从医药冷链方面助力医药运输网络的快速发展。

最后一公里配送是指客户通过电子商务途径购物后，购买的物品送到客户手中，实现门到门的服务。对医药行业未来的发展而言，到乡镇一级，甚至村一级的配送，被行业称为配送网络的"最后一公里"。有能力配送到乡镇一级的企业有配送车辆进行配送，配送能力达不到的配送企业可以利用物流公司或快递公司进行配送。因此，当医药生产企业想去拓展广阔的基层医疗市场的时候，在物流配送方面就没有后顾之忧。

2. 资金流的严峻考验

资金流，是指在营销渠道成员间随着商品实物及其所有权的转移而发生的资金往来流程，简单地说就是在营销活动中资金的流动过程。

由于公立医院的改革和发展受国家政策的影响巨大，等级医院在资金实力方面的形势日趋严峻，加上许多医院的扩张，造成了医院巨大的资金压力。这必然给大型医药流通企业带来巨大的挑战，未来流通领域的竞争，资金实力是考验合作伙伴的一项重要指标。随着大型医药龙头批发企业的结构转型和调整，开始在地级市甚至区县级市场布局商业渠道覆盖网络，为生产企业的渠道深度拓展提供了很大的帮助。在渠道的深度延伸方面，政府也是不遗余力地参与进来，比如重庆市药交所组建的重庆医药公信网药品批发有限公司，以及其旗下的公信网大药房，在电商领域和渠道的延伸方面起到了带头作用。这种有政府背景的企业的渠道延伸在资金方面给予了更多的信心，区别于以往小型的商业批发企业在资金回笼方面对生产企业的考验。

3. 信息流的飞速发展

信息流，广义的定义是指人们采用各种方式来实现信息交流，从面对面的直接交谈到采用各种现代化的传递媒介，包括信息的收集、传递、处理、储存、检索、分析等渠道和过程。狭义的定义是从现代信息技术研究、发展、应用的角度看，是指信息处理过程中信息在计算机系统和通信网络中的流动。

信息化是医药行业发展的总体趋势，信息化的发展在提高企业效率的同时，给企业带来了巨大的经济效益。医疗服务的信息化发展，要求医药批发企业在这个过程中有所作为，目前大型医药批发企业开始联合各大医院建设医院的院内物流项目，实时掌控医院的库存信息，以及新版 GSP 也对医药流通企业的软件提出了更高的要求。大型医药批发企业开始施行的网上订单系统，能够及时便捷地为商业流通各环节提供高效的服务，在采购、销售、库存管理各环节做到无缝对接。目前可以通过先进的 SAP 生命科学行业解决方案，解决生产、销售、财务、研发等管理系统的软件互不兼容的问题，加强企业各部门之间的协同效应。信息化这一系列举措的发展使得企业在拓展基层医疗市场时能够安全放心。

4. 商流的发展支撑

当人们提到物流的话题时，常常与商流、资金流和信息流联系在一起。因为商流、物流、资金流和信息流是流通过程中的四大组成部分，由这"四流"构成了一个完整的流通过程。"四流"互为存在、密不可分、相互作用，既是独立存在的单一系列，又是一个组合体。将这"四流"作为一个整体来考虑和对待，会产生更大的能量，创造更大的经济效益。

商流，就是一种买卖，或者是一种交易活动过程，通过商流活动发生商品所有权的转移。**商流是动机和目的，资金流是条件，信息流是手段，物流是终结和归宿，商流是其余三流的起点，"四流"之间有时是互为因果关系。**比如 A 企业与 B 企业经过商谈，达成一笔供货协议，确定商品价格、品种、数量、供货时间、交货地点、运输方式等，并签订合同，也可以说商流活动开始了。要认真履行这份合同，自然要进入物流过程，将货物进行包装、装卸、保管和运输，同时伴随着信息传递活动。如果商流和物流都顺利进行，接下来是付款和结算，即进入资金流的过程。无论是买卖交易，还是物流和资金流，这三大过程中都离不开信息的传递和交换，没有及时的信息流，就没有顺畅的商流、物流和资金流。没有资金支付，商流不会成立，物流也不会发生。

另外，在此需要强调，商流、物流、资金流、信息流虽然各有独立存在的意义，并各有自身的运行规律，但是"四流"是一个相互联系、互为伴随、共同支撑流通活动的整体。在这"四流"中，由于物流的快速发展使得处方药能够及时送到患者手中，加上信息流的支撑，保障了处方药零售市场中整个环节的通畅和安全。

三、新形势下渠道的布局

渠道布局的目标是为了实现企业的分销，因此，在处方药的零售市场拓展中，笔者认为选择深度分销的方式比较可行，既顺应了医改政策的需要，也顺应了市场发展的需要。同时，不能违背市场规律的变化，不一定所有的企业都要选择深度分销这种方法，在选择之前一定要评估以后可能出现的风险。渠道布局的目标具体表现在：市场覆盖率、分销密度、渠道灵活性、渠道控制度。在深度分销体系中，覆盖面体现在覆盖率和密度两个指标方面，改变以往覆盖率低的局面，将市场的覆盖率进一步提高，并设置一个可以实现的覆盖率目标。随着城市化进程的逐步加快和人口密度的提高，首先应该加强城市中药店的覆盖密度，确保居民集中区周边2~3家药店或诊所的覆盖，防止突然爆发性增长的患者而导致缺货。随着药店的连锁率的稳步提高，如何做好渠道布局、灵活地应对市场变化、多长时间对市场的变化做成反馈和采取措施，都需要一个衡量指标。最后，医药生产企业不能放任渠道自助发展自助调节。因为**渠道如同人的寿命一样，是有生命力的，需要用心去经营和管**

控。药企应当有自己的控制手段和措施来控制渠道,防范渠道不规范行为的发生,当出现特殊情况时能够及时提出解决方案,确定市场的覆盖率始终处于一个相对合理的水平。因此,渠道布局的目标应该有一个核心,就是以覆盖率作为首要衡量指标进行定位。

笔者给出的建议是:对于处方药而言,在某一个处方量较大的地方,可以考虑选择深度分销的方式,因为该方式比较适合。处方量较小,甚至需要通过第三终端来介入的产品,不一定适合这种销售策略。如果全国范围内简单地从规模来大概判断,独家/专利产品医院销售规模应该在5亿元左右,非独家产品的销售额应该在1亿元以上才可以考虑做终端市场零售。对于以地区为单位而言,某个药品在某个地区的销量至少在5000盒以上。以治疗心脑血管疾病的药品阿托伐他汀钙片为例,如果没有一个庞大的处方基础,患者仅仅凭借药店店员的推荐是很难进行替换的,因为每个地方都有不同的阿托伐他汀钙片在销售,要去刻意改变患者的购买习惯难度很大。曾经有朋友做过一个随机抽查,不到20%的患者有被替换的可能,绝大多数的患者依然坚信医生的处方。

第三节　渠道优化

　　分析当前的市场环境之后，医药生产药企需要根据自身的实际情况，对目前所采取的营销战略做出调整，对营销渠道进行结构的重新设计。根据企业的整体营销战略，如果选择处方药零售市场的深度分销策略，则需要选择适合市场经济发展和企业发展的渠道目标，梳理当前的渠道现状之后，对渠道进行深入优化。在构建深度分销体系的过程中，深度分销战略目标的选择，其目的是适应渠道发展的需要，该目标必须符合企业的整体营销战略。同时，深度分销的渠道合作伙伴的目标选择是配套不同的医疗终端而进行渠道重构的策略。

　　笔者认为，处方药的零售市场采取深度分销的策略是在现有渠道网络的基础上，对渠道进行优化调整的过程，原有的二级以上的等级医院市场所配套的经销商尽量不做太大的调整。区别于传统的销售渠道，深度分销主要针对第二终端和第三终端的销售网络的深入拓展，依靠第一终端的处方拉动带来销售机会。结合不同地区的地理位置、市场规模、政策环境、人口密度等，通过零售市场销售团队对渠道网络的反复梳理和重新设计，以及稳步提升市场覆盖率的同时提高对渠道的控制力度，是对原来没有渠道网络覆盖的地方进行深入覆盖的策略。以江苏豪森为例，深度分销渠道的产品过于单一，需要研发出符合更加广阔的县级和农村市场的产品，并且在产品的销售政策方面需要改变以往优先满足高端医院的市场政策，基层医疗市场需要有基层的市场策略，包括药品价格的重新设计、协议和折扣一系列政策的重新调整。对经销商合作伙伴的选择、对销售团队的考核等，需要结合市场情况进行相应的调整。

一、渠道优化的原因分析

第一，渠道布局不合理，渠道竞争力薄弱。首先分析一定区域内经销商的家数，该问题主要是多数区域有多家经销商，部分区域仍然为空白区域，经销商发展不均衡，两极分化严重。做得好的区域经销商之间的竞争很激烈，空白的区域却没有经销商愿意合作。

第二，市场秩序混乱，渠道冲突加剧。经销商迫于销售指标的压力和渠道成长的压力，导致跨区域销售的产生，带来业务冲突，经销商过多地采取互相杀价抢夺终端客户的手段，造成市场秩序严重混乱。

第三，经销商信心不足，渠道的竞争力下降。由于处方药零售没有引起药企足够的重视，导致渠道内的经销商没有合理的毛利空间，经销商的积极性受到打击，渠道的凝聚力下降，造成渠道的竞争力下降。

第四，管理服务不到位，客户的抱怨率高。在营销过程中出现的问题得不到有效解决，比如退换货、近效期，有些是由经销商自己造成的，但是更多的是终端客户造成的，甚至是药企销售人员为了完成销售指标造成的。加上价格管理混乱，导致经销商抱怨很多。

因此，在渠道优化的过程中，首先需要对渠道现状进行调研，建议用第三方的市场调研机构客观公正地对渠道现状进行评估。结合政策和市场特点，笔者认为渠道优化需要坚持的原则是市场份额最大化、因地制宜、统筹规划和持续发展、利益相关者共赢、渠道布局合理化、循序渐进和稳步过渡。

二、渠道优化的方法

随着医药流通行业集中度的逐步提高，需要对贡献度差的经销商进行渠道精简。在渠道优化的过程中，对能力差、诚信差的经销商进行淘汰精简，对缺乏核心经销商的区域，寻找有能力、有思路的经销商进行填补或由周边区域核心经销商覆盖，逐步优化渠道结构，提升渠道整体的覆盖能力。

第一，经销商分类。根据近三年的销售业绩、管理能力、服务能力、欠款能力等对各区域经销商进行分类。对销售业绩差、忠诚度低的经销商终止合作，予以淘汰。

第二，库存清理。对于自身管理能力不足的客户定期检查库存情况，或者由于政策原因导致的库存积压，以及特殊的市场原因造成的库存积压，比如两票制、飞检等，需要及时结合市场情况来清理库存。

第三，欠款清理。对欠款低于1万元的经销商要求其直接还款，对于欠款数额较大的经销商，与其签订还款协议，并明确规定还款方式与还款日期。

第四，根据不同市场不同情况的经销商现状，对经销商进行不同程度的优化和管理。首先，无核心经销商的区域。通过多种渠道和方法，优选经销商，争取找到能够合作的经销商。如果实在没有，找其他区域的经销商来覆盖。其次，一家独大的区域。如果该经销商不能很好地配合，则需要开发其他有潜力的经销商，引入竞争机制，共同拓展市场。最后，两家以上经销商的区域。这是比较理想的状况，支持和帮助配合度高的、有发展潜力的经销商做大做强。实行项目授权、引导其做专做强；引入竞争机制，提升经销商的积极性，并重点培育某家经销商，将其打造成王牌经销商，起到带头作用。

三、渠道设计的方法

从整个分销渠道的设计方面来分析，我们称其为"点、线、面相结合的渠道布局法"。

"点",是指市场营销力量(包括人、财、物)在市场中所选择的关键点,通常是区位优势。企业通过对"点"的选择和抢占,来争取竞争的主动权或适度地回避竞争对手,进入现有竞争格局中的薄弱地带,以形成局部优势。"点"的选择作为整个渠道的支撑,是整个渠道布局的基础。对于处方药的零售市场而言,二级以上等级医院相当于是点,通过高端医院医生的处方,夯实了产品在该地区的患者基础。

"线",是指渠道实际流通的线路,正是在"线"中运行了营销过程中的实物流、信息流、资金流等,才会实现渠道动态的功能。对于处方药的零售市场而言,这里的"线"主要是指渠道内的经销商,有了等级医院处方药医生在"点"上的处方带动,给零售终端创造了销售机会。那么处方药在外流的过程中如何通过渠道的力量渗透到市场的末端,也就是各级的零售终端,就需要经销商配合将处方药产品配送到有患者需要的各级终端市场。对于药企拓展第二终端市场而言,需要狠抓区域内的龙头零售连锁,做大做强某一个龙头连锁,做一家成功一家,一家一家稳步推进。通过多年的持续积累,既承接处方外流,也形成强大的产品品牌效应。

"面",是"点""线"所构成框架的总体功能和综合运用,主要是指区域的划分、渗透及在区域中确立企业强有力的竞争地位,建立起阻止竞争对手进入的壁垒。对于处方药的零售市场而言,有了等级医院医生的处方带动,再加上渠道经销商的覆盖,可以逐步将某个产品渗透到更多的零售终端,让更多的患者受益。患者一旦受益之后,就会口口相传,以及通过药品治疗疗效的检验之后,某药品成为老百姓耳熟能详和经常会选择的常用品牌。

处方药零售市场的发展是建立在"点"——等级医院处方医生强大的处方带动基础上的;"线"是药企对处方药外流的渠道利用度的多少,在目前的市场条件下,渠道的渗透力和覆盖面足以满足某药品在乡镇一级的零售终端进货,物流和配送也没有问题,解决了患者能够就近购买的问题;"面"是整个市场中,各个终端相互串联起来等级医院的医生的处方会带动患者的购买习惯,因为有了患者的需求,才有了各个终端的销售机会,加上小型的医疗机构在等级医院医生的学术影响下的处方习惯的培养,终将提高整个市场中对某个药品的接受程度。

四、合作伙伴的选择

如何选择渠道合作伙伴,主要从以下四个方面重点考虑:

第一,考察批发商的资金实力。目前绝大多数的医疗机构由于医保支付是后付制,医院给病人是实时结算的,中间由于医保资金的延后到位,造成医药批发商先送货,等医保资金支付给医疗机构以后再给批发商回款,没有资金实力的批发商是承受不了这种资金回笼压力的。降低资金风险最好的选择就是选择集团化的大型流通企业作为合作伙伴,相对而言,资金的安全性较高。我到某个县级医药公司谈合作,在沟通过程中发现当地最大的县人民医院最近一次回款是 14 个月之前,而该医院月均的进货额达到 1000 万元。由此可见,该公司垫付的资金压力是 1.5 亿元左右,幸好该公司是某集团公司的全资子公司,如果换做是规模较小的企业,如此沉重的回款压力早已将该公司压垮。所以,药企在保证资金的安全性方面需要非常谨慎。

第二,渠道网络的覆盖能力。有许多小型批发商口头承诺有很多网络覆盖能力,其实不然,需要药企的销售人员进行深入考察,对不同网络实力的公司进行合理的分工。在整个处方药零售市场拓展的过程中,关键词是覆盖。因此,商业公司的渠道网络覆盖终端数的多少对整个渠道的拓展工作非常重要,比如九州通就是以省市为中心批发业务为主,逐步渗透到县级的终端,而县级医药公司是以本县内医疗卫生机构和药店的网络覆盖为主,省级的纯销商业公司是以二级等以上大型医院的配送为主等。结合企业自身对渠道的需求,不同的医药批发商需要赋予其不同的渠道职能。

第三,物流的配送能力。有实力的批发商在物流配送和服务方面明显处于优势地位。GSP 的规范检查、药品电子监管码的可追溯系统的实行情况、配送的及时性（大多数情况下需要 24 小时送达）、订单的响应速度、退换货的处理速度等，这些因素都是选择合作伙伴时需要综合考量的。

第四，信息化水平。网上订单系统的开发，结合当今时代移动办公的需求。在维护批发商的过程中，需要批发商及时提供准确的购进、销售、库存数据，最好能够将相关的流向信息上传到网上，方便药企的销售代表及时查看，实时跟踪销售情况。网上流向系统的开发，避免了小型批发商在流向信息作假的情况，也能够有效地避免窜货，提高了药企对经销商的信任度。

国家政策随时在变，市场环境随时在变，根据不同时期渠道的发展特点对市场进行调整。在渠道结构的选择方面，以往的医药处方药市场集中度高的原因是有利于管控价格，渠道将由以往的窄渠道变为宽渠道。随着分级诊疗和两票制的推进，这种局面将被打破，未来的渠道将会向扁平化趋势发展。渠道的长度逐渐减少，而渠道的广度在增加，密集型渠道将是未来的主要趋势，也是深度分销体系构建中配合国家医改必然的发展趋势。

第四节　用好渠道资源

在不同的历史时期,渠道的特性是不同的。中国由于地区的差异性,以及风土人情的差异,导致不同地方的渠道具有其特定的渠道特点。因此,如何用好渠道资源就需要从大的框架来了解渠道的特点。主要是渠道的成员分析,包含经销商、零售终端两个板块。从渠道的三维角度来分析,渠道具备长度、宽度、广度的特性,下面进行详细的分析。

一、零售市场的渠道成员

零售市场的渠道成员主要是经销商和零售终端,所分析的零售终端主要是第二终端,以连锁药店为主。从生产企业的角度来看,不仅需要对经销商和零售终端进行管理,还需要提高对渠道成员的服务能力。

1. 经销商

对于医药生产企业而言,**在零售市场中,最大的资源就是渠道内经**

销商的网络资源,如何借势渠道资源实现药企的持续发展成为焦点话题。渠道为王的一个焦点是,一旦企业有新产品上市,利用现有的渠道网络将产品快速推向市场,生产企业的渠道实力体现在以最短的时间将新产品覆盖到更多的零售终端的能力。目前,经销商已经形成了集团化的发展模式,医药生产药企首先应当从上而下地建立和维护好高层之间的关系,合作的每个分子公司的关键核心人员的关系维护更不能欠缺。

经销商的主要功能是完成供应,对零售商起引导作用,给药企提供市场信息,协助药企维护公共关系,共同开拓好市场。某公司的经销商仅有经销公司药品的权力,没有代理的权力,该经销商随时可以根据市场情况进行更换和调整。对于不能按照公司制度执行公司销售政策的经销商,采取相应的对策,制定了一定的奖惩政策。目前针对集团化的发展趋势,该公司开始和大型医药流通集团建立起战略联盟,建立了长期的合作关系。另外,在两票制的政策推动下,实质是代理的药企在合规方面类似于自建队伍药企的销售模式。

经销商主要采取协议管理的方式,指定上游进货渠道,对回款方式、回款时间、发货方式等都有明确的规定。对经销商的销售价格、销售对象、销售的药品等也在协议条款里明确,其余有要求经销商来完成的事项则以附件的形式写进协议,利用协议折扣来让责、权、利分明。由专业的数据分析部门来分析经销商的存货水平、应收账款天数、资金周转率、库存周转率、库存周转天数等指标,定期核实经销商的能力。当然,还需要对经销商进行信用管理,对经销商的信用进行评级是必不可少的管理手段。除此之外,双方根据市场制定不同的策略,或者双方签署附加协议,由经销商的专人来针对专门的项目组成沟通小组和该公司的销售团队进行对接。

2. 零售终端

医药零售终端主要是药店和医疗机构。药店,顾名思义,就是零售药品的场所。医疗机构是指诊所、乡镇卫生院、社区卫生服务中心、厂矿医院和职工医院等具备诊疗资格的机构。也就是说,患者去看病的时候能够开处方的医疗单位。对于本书中阐述的处方药零售市场而言，目前重点维护的零售终端是药店，尤其是连锁药店。不仅需要对药店的价格进行管理，还需要对药店的铺货、陈列和库存进行管理，针对药店的店长和店员进行培训教育，定期或不定期地组织活动，比如各类产品知识竞赛、旅游、电影会、聚会、拓展等活动，全方位地和药店加强合作。由于药店数量多且分散，单体药店的管理目前没有更合适的策略，连锁药店相对比较好管理，通过连锁总部进行统一协调和管理，和连锁药店的总部签署协议的方式也较为普遍，协议条款里明确数量、铺货门店数、产品的陈列、各类活动组织的场次等。

对于药店而言，处方药产品是吸客产品，在药店动销率很高。产品的周转次数快，并且能够给药店带来较高的客单价，药店配备的品种齐全程度可以给药店带来更多的客流量。因此，需要加强对零售药店的引导和教育，虽然处方药产品的毛利水平比OTC产品低，但是因为客单价比较高，处方药的毛利额较高，加上未来慢性病的治疗在基层的政策长远导向，能够给药店带来持久而稳定的收益。

对于医疗机构而言，目前根据不同的市场规模采取不同的管理手段，规模较大的厂矿医院和职工医院由纯销团队进行学术推广，部分社区卫生服务站也采取学术推广的方式，而更广阔的诊所和乡镇卫生院则主要依靠医药公司的渠道资源进行各种形式的拓展，比如铺货、促销、买赠、订货会等。对乡镇卫生院的院长和医生也相应地采取全科医生的教育和培训，条件允许时也可以借助网络手段开展学术推广。针对部分社区组织知名专家、教授进行义诊、患者教育等多种形式的活动。

二、零售市场的渠道结构

在渠道的结构选择方面，主要从渠道长度、渠道宽度、渠道广度这三个维度进行综合布局。

1. 渠道长度

渠道长度，也称为渠道的层级数，是指营销渠道中处于制造商和消费者或用户中间环节的多少。对深度分销而言，短渠道比较合适，医改的重点是考虑等级医院由长渠道改为短渠道。但是广阔的农村市场，1000多个县，由于医药生产企业受制于人力成本，依然是以长渠道为主，由地级市的一级经销商销售到县级经销商，再由县级医药公司销售到乡镇级市场的药店和诊所，最后到患者手上，包括地级市的连锁药店都会从地级市的一级经销商那里进货。结合渠道的层级，对医药行业的渠道长度分析如图2-1所示。

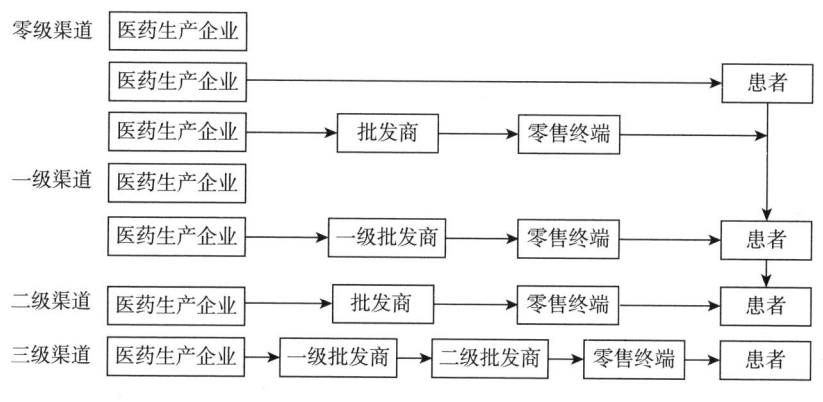

图2-1　医药行业的渠道长度分析

（资料来源：由作者整理）

在药品流通环节中，两票制是指药企发货时给医药流通（商业）公司开一次发票，医药流通公司将药品配送到医疗机构后再开一次发票。其目的是改变当前医药流通环节过多，在流通环节层层加价的问题，改善老百姓看病贵的现状。两票制的核心之一也是想缩短流通渠道，将过长的渠道环节减小到合理的水平，主要政策的导向也倾向于将医药流通渠道改革到以二级渠道为主。目前，医药流通领域代理制模式下的渠道长度都超过了三级。对于发展而言，零级渠道除了电商外，基本是不可行的。一级渠道由于医药零售终端的数量多而散，基本不能大面积执行，主要是二级渠道，也是两票制的核心。医药生产企业销售到一级经销商，一级经销商再直接销售到医院，中间开具两次销售发票。三级渠道也比较正常，常见于广阔的县级及以下的市场。以重庆的两票制为例，允许集团公司的区县分/子公司增加一票，因为重庆地广人稀、山多路窄，给物流运输提出了更大的考验，所以重庆市政府在充分考虑地方特色以后制定出适合重庆的两票制政策。各个省份在制定政策时，充分地考虑到当前市场的特殊性，制定出大多数人可以接受的政策。重庆的两票制以某县为例，在渠道的结构中，属于典型的三级渠道。

两票制的推行不仅有利于政府的监管，还降低了药品的价格，同时有效地遏制了假药流入市场。以福建三明模式为代表的两票制在医改的过程中继续向全国推广，导致医院处方外流加剧。对于医药生产企业而言，需要重新对渠道结构进行调整，重新对经销商布局，改变以往以某个省市为龙头的总代理的渠道选择模式，某个省份不可能一家医药批发企业覆盖所有的医药市场，这就要求部分二级经销商升级为一级经销商，给药企的人力结构调整提出新的要求，也使得渠道进一步向扁平化发展。尤其对于药企施行区域总代理的营销模式提出新的挑战。那么，如何提前做好渠道经销商的布局和安排，使得一级批发商的功能不同于以往，将区域重点的二级经销商升级为一级经销商，减少中间的流通环节，在渠道往下延伸的过程中如何与时俱进成为渠道重构的重心工作。

2. 渠道宽度

渠道的宽度，是指同一渠道层级上经销某种产品的批发商、零售商、代理商数量的多少。主要分为三种类型：密集性分销渠道、选择性分销渠道、独家分销渠道。对于医药行业未来发展而言，两票制必然导致宽渠道，因为以省为单位的一级代理会逐渐被取消，由更多的一级经销商负责不同的客户。一般是以地区来划分，对于较大规模的药企而言，大多数地区要保证一个地级市一家经销商，甚至一个地级市有多家经销商，显然渠道更宽，也属于密集型的分销渠道策略，更大的地级市可能会以县为单位设立一个经销商，渠道的变化是由以往的长渠道转化为宽渠道，这对药企的渠道管理，提出更大的挑战，对销售团队的纵深配套和管理水平提出更高的要求。这样方能更好地适应医改的需求。

以重庆医药集团为例，为了顺应重庆市两票制的政策要求，已经在重庆市主城以外的30个区县各成立了一个子公司，其目的是在满足两票制政策的同时，能够给属地化的区县税务机关带去相应的税收，既满足了两票制，又符合地方税务机关的要求。通过重庆医药集团的渠道网络建设，在渠道的宽度方面，医药生产企业可以渗透到重庆市的每一个区县的零售终端，药企对经销商管理的难度也相应地减小。

3. 渠道广度

渠道的广度，是指生产制造企业选择渠道条数的多少。条数单一（生产制造企业仅利用一条渠道进行某种产品的分销），表明营销渠道窄；条数越多，表明营销渠道广。两条和两条以上的渠道又称为多渠道组合。未来医药生产企业对渠道广度的选择，二级以上医院的经销商是一个，连锁药店是单独的，零售的社会药店和诊所又是一个渠道。目前私人医院又由专门的经销商来做，所有渠道的广度是采取广渠道，甚至包括网上药店，需要全方位、多角度地搭建不同的渠道结构来适应不同的医药市场。中国地大物博、幅员辽阔，没有一家经销商可以覆盖完某个地区的所有医疗市场。

因此，对于处方药零售市场的销售渠道来说，也是需要进行加快变革的，应根据不同的市场制定出适合当地的组合渠道方式和拓宽渠道的广度。结合后面提到的区域规划和客户分级，对不同经销商的功能做出清楚的界定，根据经销商的特色业务板块更好地用好渠道的资源，实现药企长足稳定的发展。

总之，处方药零售市场的开局四步走有利于零售市场的拓展，渠道盘点是为了寻找市场的销售机会；战略定位是为了匹配药企整体的发展战略；渠道优化是为了适应国家政策的变化和市场环境的变化；用好渠道资源，对于零售市场而言，渠道资源是最大的市场资源，需要根据渠道内客户的变化而随时调整企业的销售策略。

第三章 产品细分策略

未来药企的核心竞争力体现在四个力上,分别是品牌力、产品力、学术力、研发力。品牌力,是品牌知名度、美誉度和诚信度的有机统一,是指患者对某个品牌所形成的认可度,也影响患者是否选择购买某个药品,是由品牌商品、品牌文化、品牌传播和品牌延伸四要素在患者心中协同作用而成的;产品力,就是产品的吸引力,通过产品质量、价格、设计、多样化等表现出来的实力,是药品对患者的吸引能力,其核心是产品的疗效本身所决定的,因为药品的疗效是检验药品价值的基石;学术力,是药企学术推广的能力,也可以称为药企的营销力,是药企有效开展市场营销活动的能力,属于企业能力的范畴,也是企业影响力的表现,是药企综合竞争力中营销竞争力的具体表现;研发力,就是研发新产品的能力,药品作为更新换代速度快、技术壁垒高的特殊产品,强大的研发能力是药企持续发展的源泉。

第一节 产品定位

一、产品定位的概念

药企总是希望药品能有更多适应证,尽可能地扩大适用人群,说明书把能沾边的适应证都写上,但医生很容易理解的适应证描述,到了患者这里可能就如同读天书,所以零售推广一定要定位精准、诉求简单。零售市场的成功很大程度上依赖于患者沟通的成功,诉求点描述应该注重症状描述的准确化、通俗化和口语化,使患者容易理解和自我判断。比如吗丁啉从上市初期的止吐到消化不良(上腹饱胀、餐后不适、腹胀、食欲不振),再到胃动力概念(胃胀、胃堵、消化不良);从"消化不良,找吗丁啉帮忙"到"针对胃动力,帮助胃健康",正是其实现从0到5亿元规模的成功过程。当然,处方药在没有转化成OTC药品之前,不能在大众媒体上做广告,但系统策略化的宣传推广是必要的,尤其是学术推广的手段。

患者对处方药的认知程度，几乎所有的主导权在医生手中。外资企业药品品质好、价格高的特点，给患者带来了很大的经济负担。需要长期治疗的慢性病患者，在使用过外资企业药品以后，大部分患者还是想寻求能够和外资企业药品治疗效果相近的国内药品。因此，当了解了患者对某药品的期望之后，根据竞争对手的药品定位及企业自身的资源、技术生产和经营能力等，尽快做出药品定位的决策。中国制药行业的强项就是仿制药，通过借助进口原研药品的品牌势能，做大做强自己的本土品牌。

药企的营销是从药品的角度开始考虑的，一次关注一种药品或服务，满足一种基本的顾客需求，对于药品的定位是以药品本身为出发点，以往的学术推广也是从药品本身的疗效和适应证出发，讲述该药品所带来的好处，主要是以科室会的形式宣讲药品的适应证。成功的药品营销案例有很多，太太口服液也是最早把产品定位和女性爱美相结合的成功案例。太太两个字就定位了使用该产品的顾客人群。在1992年的深圳，"下海"成为时髦的词语，不甘平淡的内地才俊们纷纷来到深圳特区"掘金"，源于创始人朱保国偶然发现的一个中药配方，定位于女性美容的保健品，是对"爱美之心，人皆有之"的简单想法的验证，对女性产后祛斑、改善肤色有良效。太太口服液是选用多种优质中药材、采用先进加工工艺精制而成的纯天然中药制剂，含有首乌、当归等多种调理中药，对成年女性身体调理非常有效。当时市场营销还是新鲜事物，朱保国自己摸索，在报纸做广告，"三个女人一个黄，三个女人两个虚，三个女人三个喜"，这个听起来有些拗口的广告语，却深深吸引了顾客，每天有上千个电话打到公司来咨询。很快，在央视做广告、聘请明星代言，朱保国一招接一招，让太太口服液卖火了。1993年，太太口服液销售额3000多万元，1994年销售额1.6亿元。

二、产品生命周期

1. 探索期

任何产品从生产出来、进入市场都需要经历一个成长过程，开始阶段是探索阶段，重点是处方医生对药品疗效的认知程度、学术的专业程度，药品本身质量的患者检验程度。在产品探索期，符合医学特性的和市场接受度高的药品，前期重点在等级医院的一线临床推广。有同类竞争药企生产的药品，可以尝试通过现有的渠道架构和市场安排拓展零售市场，尤其是某一化学名已经有着强大的处方势能的药品。

2. 成长期

药品已经验证完疗效，医生和患者都有了一定的认知度，正式推向市场，此时的模仿者也就是竞品会在这个时候出现，如果药品没办法快速获取患者群，就会被竞品赶超。在这个时期，药品会根据医生和患者的需求快速迭代。笔者在工作中遇到的案例就是阿德福韦酯片这个药品，最开始的首仿药是天津药物研究所的阿德福韦酯，商品名为代丁，由于市场策略原因，代丁实行的是招商制，由于后来招标降价，代理商之间打价格战，导致后来者赶超，给了其他药品更多的市场机会。根据药品的特点，如果是长期服用的口服药物，此时可以在相对成熟的市场拓展零售市场。

3. 成熟期

药品进入成熟期时，已经累积了大量的患者群，医生对药品品质和疗效的认知度较高。由于药品发展得比较成熟，此时也是处方最容易外流的时候，就会吸引更多的竞品进入市场，要做好市场的维护工作。在医院深耕市场重点做医生工作的同时，需要狠抓零售市场，坚持学术推广之路，大量的患者也更愿意选择就近购买长期服用的药物。需要药企进行精细化运营，抓住越来越多的零售终端来提高市场占有率，建立起一个患者心中庞大的药品品牌。

4. 衰退期

药品市场已接近饱和，当药品的大量患者被替代药品带走时，药品也迎来它的衰退期。但不意味着药品的生命周期就此结束，运营得当也能令药品再次爆发。有许多处方药药品在等级医院市场也许因为药品的更新换代，淘汰成为二线甚至三线治疗药物，但是因为强大的患者群，有许多基层的医生作为重点产品推荐。因此，等级医院已经淘汰的药品恰恰在基层市场有可能迎来第二春，随着招标降价、药企的规模化生产、基层医生的认可，再加上患者对药品品牌的认知，原来价格相对较高的药品摇身一变成为基层患者治疗的首选药品，拓展零售市场将大有可为。

三、产品组合策略

一是要保证优质优价，疗效好是患者最根本的需求。

二是要价格适中，由于患者在零售市场购买的药品以治疗慢性病为主，价格不宜过高，单盒的价格在20元左右较容易被患者接受，因为基层医疗市场的患者的经济实力相对较差，对药品的接受度较低。同时是长期服用的药品，每天的治疗费用也要在10元以下为好，如果能够进入低价药目录，每天的治疗费不超过3元。因此，不仅定价不宜过高，日治疗费用也要较低，一定要符合基层患者的购买需求。

三是需要产品群作战，与处方药一个药品拉起一支队伍的做法完全不同，零售药品的价格空间有限，一两个药品根本支撑不了一支队伍的生存，哪怕在终端招商也必须打造一个产品群。根据修正、仁和、葵花药业的实战操作情况，这个产品群的药品数量应该有30～50个（当然，也有3～5个产品就能支撑一支队伍的现象）。同时，产品线规划还要注意将高毛利产品和低毛利产品有效组合，产品线梯次化、治疗手段组合化搭配。推广时，要以一个或几个高毛利药品为核心，带动一部分药品进行组合推广和销售。

老产品新市场，老产品新适应证，老产品新策略。深入挖掘老产品原有的品牌优势和患者多年的疗效检验成果，对老产品的市场精耕细作，提升原有产品销量的同时，提升整体的销售业绩。通过老产品的品牌效应带动新产品的销售，这也是做大做强产品线的做法。

另外，药企和门店需要共同做好药品的品类管理，其核心是通过分类管理的手段提高药店的服务水平，本着资源效能最大化的原则，提升药店的经济效益。药品本身是特殊商品，其特点是需求弹性小，有明确的使用指征，有治疗目的之外的其他药物反应和病人个体的敏感性差异。药店通过提供药学服务让患者了解药品的组成成分、适应证、药品的特性、疗效、作用机制，可能出现的不良反应。在药店的经营中，需要摒弃传统商品营销观念的"唯商品经营论"，秉承着"顾客价值最大化"的原则，用一组目标性商品来创造形象与差异化；用另一组商品来对顾客进行短期的刺激，辅助满足顾客需求，并通过持续地提升"常规性商品"的销售与利润，以维持药店的成长与发展。

第二节　按不同的市场层次分类

国内医药企业，尤其是产品多，产品结构复杂，产品线长度、宽度、深度值都较高的企业，普遍存在市场结构和产品结构不合理、产品分线效率低的问题，直接导致企业在各级市场的营销策略不明。在日趋激烈的竞争环境中，短期难以通过高效的营销推广充分释放产品潜力，中期难以实现对终端的掌控和销售队伍的培养，长期难以实现企业大品牌药品的培育和企业品牌力的提升。

销售市场的结构优化是药品结构策略和药品线策略的基础。对销售市场充分细化，在合适的市场选择合适的药品，是药品策略的前提。国内医药市场目前根据用药习惯、贫富水平等因素，可分为高、中、低三个不同的层次。

一、高端市场

高端市场是城市等级医院市场、地级及以上城市的二三级医院

（含部队医院）。这些医院市场的用药金额大、品种全，也是城市患者看病的主要渠道。据统计，患者对医生的顺从率达到65%以上。所以，医生的处方选择是高端医院市场营销的核心所在，也是企业选择高端医院药品的关键依据。随着等级医院降低药占比和医保费用控制政策的逐步推进，新上市的药品在高端医院很难进院销售，企业需要适时地调整市场策略，采取DTP和关联药房的销售策略，鼓励将院外药房作为主要渠道来销售。

适合高端市场的药品具备的特点较多：上市时间较短、价格较高、竞争药企较少等。但其中核心的特点可归纳为两个：盈利能力强、学术推广要求高。这是跟高端医院市场的核心营销模式紧密相连的：关系营销+学术推广。在高端市场销售的药品由于盈利能力较强，能创造较高的利润，并树立高端的药品品牌形象。

所以，企业规划其产品线策略时，把高端市场作为企业发展战略的主要目标市场，其药品必须满足盈利能力和学术性的条件。具体来说，学术必须在国际和国内具有先进性，高端医院对药品的治疗重症疾病的选择，还有较大处方量的需要，以及药企创新产品需要收回科研成本的需要等诸多因素的共同作用。但是，高端市场的产品一般情况下不适合在零售市场拓展。

二、中端市场

县域等级医院市场是高端市场和低端市场的中间层级，是县（县级市）二级及以上医院（含部队医院）。由于在县医院就诊的县级或者县级市的患者较多，用药发展相对一级城市较为"落后"，对产品的学术要求也相对较低。从消费水平上看，相对高端市场对应的患者经济能力较弱，对产品的价格承受度较弱。药品如果在县医院销售，需要一定的开发成本。因此，县医院的产品价格不宜过低。对于低端市场的普药来说，通常在县医院市场销售的药品的认知度不足、市场基础较弱。

由于上市时间长、招标降价、产品更新换代等原因造成的产品盈利能力和学术性下降，在高端市场上逐步被淘汰，但不至于成为普药，仍有一定操作空间的产品适合在县医院销售。但区域性贫富差距大，不同区域的县级医院的患者贫富水平和医院门诊量跨度大，县医院市场既有高端市场，又有低端市场的特点。因此，针对县医院市场的产品往往涵盖部分高端市场和低端市场的产品，需根据不同的地区选择不同的县医院药品。比如医药大省份江苏、浙江、广东、山东的县级医院应该包括部分肿瘤药品，而针对广西、四川、吉林等市场规模处于中间水平的县级医院则可纳入一些低端的抗生素药品。

在未来，县医院除了作为县域内的医疗卫生中心，扮演县级市的主要医疗机构的角色外，还将承担对乡村卫生机构的业务技术指导和乡村卫生人员的进修培训。政府对低端市场的投入也将以县医院为核心，向乡镇扩散。县医院对农村三级医疗卫生服务网络的重要性体现了县医院市场不仅是一个单独的市场层级，更有影响低端市场用药习惯的作用，是企业发展低端市场的必要部署。

接下来认识一下零售市场在中端市场如何拓展，处方药的零售市场定义为城市连锁、单体药店和药品超市。在高端和中端医院市场一旦形成强大的处方势能，在零售市场会有不错的市场表现。这里需要明确的重要因素是，该药品是否在医保目录，能否报销决定药品在零售市场的可推广程度。对于很多企业来说，处方药产品尽管在其他市场层级拥有很强的影响力，但在老百姓心目中的品牌认知度往往不够。加上处方药不能做宣传等原因，需要药企通过丰富零售市场的产品组合进一步完善市场结构，甚至配套不同的OTC产品做联合推广，以产品群来提升企业在零售市场的品牌影响力，通过扩大企业或产品在老百姓中的影响来进一步提升企业的品牌知名度。

因此，产品的选择尤为重要，在零售市场销售的药品对市场基础、价格等有一定的要求，应选择市场基础较好、价格易于接受、安全性高且可重复使用等特性的药品，尤以长期服用的慢性病药物为主。零售市场作为企业的下一个战略市场，在零售市场培育具有强大影响力的品牌产品尤为重要。笔者认为，可以通过一些标准选择 1~2 个适合零售市场的大品牌产品：特异性、疗效、适用人群、重复使用、价格、市场基础。

三、低端市场

低端市场的界定是乡镇卫生院、村卫生室、私人诊所等具备医疗资格的医疗单位和零散的不容易维护和拓展的药店，重点拓展的药品有两种：一种是不需要推广，或稍作推广就可以销售的流通型普药；另一种是需要对渠道和终端进行推广的深销型普药。流通型普药由于上市时间长、市场认知度高、价格低、附加值低，应借助商业平台进行销售。而深销型普药，需要在渠道推广的基础上直接面对终端或终端的直接掌控者，需选择在低端市场认知度低、市场价格不透明、附加值高的药品。虽然流通型和深销型药品的渠道相似、目标市场相似，但采取的推广手段和营销策略重心截然不同。

对于企业来说，既能创造规模又能创造利润的药品称为规模利润药品。这类药品不仅能消化产能、摊薄成本，还能通过规模效应带动盈利品种销售，并创造品牌影响力。规模产品是贡献销售额、创造现金流的重要产品，但不能创造利润。反之，处于低端市场的成长期和部分从临床退下的半新药及较为先进的普药产品，称为培育产品，拥有较高的毛利，具有较大的附加值和较好的成长力，可作为企业的重点培育对象，所以，也可从培育产品中筛选第三终端深销型品种。

下面介绍低端市场上最大的增长点：社区卫生服务中心的特征及产品选择。目前，社区卫生服务中心的用药量较低，所承担的治疗比重也较小，再加上业绩小，此类市场的重视程度也较低。但新医改明确指明分级诊疗要下移首选就诊渠道至社区卫生服务中心：一般诊疗下沉到基层，逐步实现社区首诊、分级医疗和双向转诊。所以，无论社区治疗中心未来全部使用基本药物的建议是否被采纳，其必然承担为城市医院分摊治疗常见病的任务，此市场层级将在短期进入快速增长期，所占的比重也越来越大。所以，社区卫生服务中心成为一个重要的市场层级，是企业新的增长点。然而，此市场层级必然竞争激烈。由于社区卫生服务中心将承担常见病、慢性病、多发病的治疗任务，针对此类疾病的药品多为上市多年的普药。所以，在全部使用基本药物的假设尚无定论的前提下，针对社区市场，产品选择上对学术要求则相对较低、价格相对便宜，但应以治疗常见病的药品为主。而且此类药品的竞争药企多，需通过规模和利润的模型分析，选择在规模和利润上，或企业有独特优势的药品。

对于药企来说，药品必须通过合理的结构调整，进入合适的市场层级销售，这是药企取得良好销售业绩的根基。但国内大部分企业看似对产品线进行了各种形式的规划，实质上并非如此，造成产品潜力难以释放、产品线管理混乱、产品难以实现专业化发展。药企必须以市场为导向，先将企业的目标市场充分细化分层，再决定现有产品的分配组合，使不同的产品在合适的市场层级充分释放潜力，这也是产品线管理和企业策略制定的首要因素。

第三节　销售策略对产品细分

销售人员如何对药品的销售策略进行定位，在完成销售指标的同时，保持药品的销售额在一定时期内持续增长。这是需要管理层根据市场情况，对药品的特性进行分析，对市场的发展前景进行初步的预判，做出一系列中长期推广策略的前提下产生的。一线的销售经理需要深知当地市场的特殊性，通过区域规划透彻地了解清楚竞争对手相对薄弱的环节。所谓"知己知彼，百战不殆"，拿自己的优势产品和对手拼，采取扬长避短的措施进行攻守兼备。具体根据不同的市场策略，将产品分为以下三类。

一、维稳品种

区域内将销量排名前80%的产品定位为维稳品种。因该部分产品本身已有销量且销售基础较大，在医院市场方面，如果进一步大幅度提升销量，将面临限量、停药及谈价补差等风险。故该类以维持现有销量不下滑为目的的产品是维稳品种。在零售市场，该类产品是品牌产品，药房/诊所所赚取的利润较低，药店店员销售的积极性不高。此类产品有个很形象的名词——"点菜品种"，就是患者点名就要这个产品，并且药店店员不得不卖的药品。

同时，具备大量处方势能带动的药品在零售市场又称为吸客产品，就是吸引患者进入门店购买药品的意思。如果患者在二甲以上医院处方了某个药品，医生要求长期服用，患者会选择到较近的药店/诊所购买。当患者成为某个处方药产品的忠实顾客之后，通过购买习惯的培养，成为某个药店的稳定顾客，从长远来看，该患者会成为药店的会员。患者和患者之间也会相互交流，通过患者的口碑传播、某个产品品牌的带动，可以为零售药店带来长远的价值收益。

在医院市场方面，针对维稳品种不再进行主动的市场投入，即不再大量召开各类会议及活动，仅维持日常拜访的投入。在零售市场方面，确保流通环节渠道通畅、库存合理，保障货源供应，给予零售终端适当的毛利空间。在销售人员的考核方面，销售团队视具体情况给予一定的稳定收入，可以将此类产品作为销售人员保底部分的收入进行考核。

二、上量品种

存在较大上量空间的产品定位为上量品种，因该部分产品目前销量不高，存在较大的市场潜力空间，相对而言上量困难较小，且大幅度上量后依旧不存在限量等风险。在等级医院就医的患者会陆续外流到院外市场，随着患者群的逐步建立，两三年内该产品在零售市场将会有一个稳定的增长期。

在医院市场方面，针对上量品种通常给予适当的投入，即在日常拜访的基础上，视不同产品的具体情况，定期举行各类会议及活动，以促进其快速上量。在零售市场方面，该类产品处于市场拓展的发展期，零售渠道网络的建设、终端覆盖面的拓宽、店员的培训等相关的市场配套策略需要逐步开展，随时应对未来的市场增长机会。在人员的考核方面，可以采取高增长、高奖励的考核手段刺激销售人员全力开拓市场。

三、战略品种（潜力品种）

在医院市场方面，根据公司全品种产品的发展战略、分级诊疗市场环境及未来的发展方向，比如将来可能在内分泌领域打开糖尿病药市场，前期需要拓宽该领域的各类市场关系，积极搭建专家的网络资源，划分出一些特定的产品作为战略品种。在零售市场方面，第三终端市场可以拿出部分产品试点；在第二终端市场，可以拿出部分产品或者更换规格，和零售连锁进行战略合作，建立这种长期稳定的合作关系。这类产品在短期内不会有市场表现，也不会立刻带来销量的增长，但是这类产品是未来能够给市场带来销量增长的潜力产品。

第四节　打造核心单品

也许你感到困惑，药品很多却没有一个卖火的，投入增加但产出不断降低。难道是工作不够卖力吗？答案是否定的，你的卖力程度和业绩之间需要通过药品来实现。你看着各种药品都是好药品，每一个药品的销售额都想增长，精力不聚焦，资源不聚焦，重点不突出。怎么办呢？最直接的方法就是实现产品聚焦，单品的突破是在竞争中突围崛起的最佳捷径。需要确定主推的药品系列或规格，合理地规划产品线，明确主推的系列产品，或者主打的规格，把有限的资源全部集中在该系列或规格上，实现单品突破，通过单品的营销运作来塑造品牌。

提到王老吉首先想到红罐凉茶；提到苹果公司首先想到iPhone手机；提到养元首先想到六个核桃；提到海尔首先想到洗衣机；提到华为首先想到手机。这些现象背后的含义在于企业的大单品成就了它的品牌符号。打造核心单品，一个或某几个核心单品带动了企业的发展，也带动了产品群的发展，企业需要通过单产品突破后品牌化的策略来占领市场。比如华东医药2013年凭借百令胶囊，单品种突破10亿元，股份公司上榜财富中国500强，位列第288名，一个单品的销量带来了稳定的市场基础。对于整个医药行业而言，凭借销售额很高的明星产品，给许多知名的制药企业带来了巨大的销售份额。

一个企业的成功不在于研发了多少个产品，而在于是否有一个成功的单品。在广告效应的持续轰炸下，谈到感冒就会想到白加黑；说到女性补血就会想到东阿阿胶；说到胃不舒服会想到三九胃泰；提到驱蚊就会想到六神花露水；提到江中制药就会想到健胃消食片等。品牌是无价的，一个产品代表一个企业的核心。单品突破是取得行业成功最佳的攻坚战术。是一个企业走向成功的起点。大单品能够树立企业的品牌形象，给企业多元化经营带来更多的品牌价值。打造核心大单品的具体做法就是"聚焦"，企业上下一心，所有的资源都投入这一个产品，大家劲往一处使，拧成一股绳，目标明确、责任分明、执行到位。营销人员熟悉这个产品的核心竞争优势，对产品的卖点、优劣势有着清晰的认识和了解，是产品的"推广专家"。将普通产品打造成品牌产品不是简单的事情，在这个过程中需要经历三次飞跃：

第一次飞跃，好产品成为企业的主导产品，从普通产品到主导产品的聚焦策略，聚焦某一个或者某几个单品进行重点营销。实现的方式是，资源由分散到集中，企业的采购成本、营销成本、生产成本都会降低，企业的现金流和利润都会持续增加。

第二次飞跃，好产品成为行业内某一品类的主导产品，随着销量的提升，在市场竞争中具有主导地位。当我们提到通过电商买书的平台，大家想到的就是当当网；提到凉茶，大家想到的就是王老吉和加多宝；提到碳酸饮料，大家想到的就是可口可乐、雪碧和芬达。药品也一样，对于进入市场占有率前三名的药品，能够在市场中产生巨大的影响力。企业可以围绕这个核心单品，轻松地组合出更多的产品，形成让竞争对手无法突破的产品群。

第三次飞跃，成为品牌，让患者形成消费依赖，好产品会说话，好的药品疗效就是最好的广告。随着销量的持续提升和企业不断地对产品进行创新和完善,这种产品与竞争产品的差异越来越大,不仅仅在销量上遥遥领先,从品种和特色上也让竞争对手望尘莫及。

在聚焦了某一个核心单品之后,需要持续不断地加大产品的研发投入力度,实现产品的升级换代。尤其对药品而言,只有坚持不懈地研发,持续不断地创新,每一个药企及医药人才能为减轻患者病痛做出应有的努力。

2016年国内药品销售数据及全球药品销售数据如表3-1所示。

表3-1 2016年国内药品销售数据及全球药品销售数据(单位:亿元)

排名	药品	公司	2016年销售额
1	润众(恩替卡韦分散片)	正大天晴	35.34(亿港元)
2	天晴甘美(异甘草酸镁注射液)	正大天晴	21.63(亿港元)
3	参芪扶正注射液	丽珠医药	16.80
4	合成维生素E系列	浙江医药	15.37
5	凯时(前列地尔注射液)	北京泰德	14.24(亿港元)
6	凯纷(氟比洛芬酯注射液)	北京泰德	13.96(亿港元)
7	注射用血栓通(冻干)	中恒集团	13.83
8	淀粉及淀粉胶囊系列	尔康制药	13.79
9	维生素C	石药集团	13.09(亿港元)
10	参芎葡萄糖注射液	景峰医药	12.56
11	苏肽生(注射用鼠神经生长因子)	舒泰神	12.39
12	血必净注射液	红日药业	11.24
13	凯美纳(盐酸埃克替尼片)	贝达药业	10.35

从表3-1中得知,超过10亿元的单品13个,销售额接近200亿元。2016年医药行业工业总产值3200多亿元。

接下来分析2016年全球销售额排名前12位的明星单品,数据如表3-2所示。

表3-2 2016年全球销售额排名前12位的明星单品

排名	药品	公司	适应证	2016年销售额（亿美元）
1	Humira（阿达木单抗）	AbbVie	自身免疫疾病	160.78
2	Harvoni（索菲布韦+Ledipasvir）	Gilead	丙肝	90.81
3	Enbrel（依那西普）	Amgen/辉瑞	自身免疫疾病	88.74
4	Remicade（英夫利昔单抗）	强生/默沙东	自身免疫疾病	82.34
5	MabThera/Rituxan（利妥昔单抗）	罗氏	CLL、NHL、RA	72.27
6	Revlimid（来那度胺）	Celgene	多发性骨髓瘤	69.74
7	Avastin（贝伐珠单抗）	罗氏	肺癌、结直肠癌、卵巢癌、肾细胞癌、胶质母细胞瘤	67.15
8	Herceptin（曲妥珠单抗）	罗氏	HER2+乳腺癌、胃癌	67.14
9	Lantus（甘精胰岛素）	赛诺菲	糖尿病	60.54
10	Prevnar（肺炎球菌疫苗）	Pfizer	肺炎	57.18
11	Xarelto（利伐沙班）	拜耳/强生	抗凝血	53.92
12	Eylea（阿柏西普）	拜耳/再生元	湿性AMD	50.46

从表3-2中得知，2016年全球销售额前12位的药品销售额921亿美元。排名第一的单品销售额是160.78亿美元，一个单品折合人民币近千亿，是国内好几个大企业销售额的总和。

由此可见，明星单品对企业的贡献度，对社会的贡献度，对患者疾病的治疗带来的效果，更多的患者选择该药品、信赖该药品。由此可见，打造明星产品，打造拳头产品的重要性。

对于许多药企而言，要么是没有核心单品，要么是只有核心单品，这两种情况都不长久。对于没有核心单品的药企来说，一定要千方百计举全公司之力，在重点市场中重点突破，选择一个优势市场，树立样板市场，逐步向全国推广，快速打造核心单品。核心单品不仅能够提高产品本身的品牌知名度，还能提升企业的影响力。对于只有核心单品的企业来说，一定要通过研发、合作、收购、代理等多种方式，借助某个单品具备的市场知名度拓宽产品线、提升销售额，将企业规模做大做强。有助于在面临降价、产品更新换代等市场变化时能够分散企业的经营风险，为药企的长期持续发展给予重点帮助。

处方药零售这样做

第四章 区域规划和客户分级

本章从具体的工作方法分析区域规划和客户分级对处方药零售市场的作用。区域规划的目的是寻找市场中存在的每一个销售机会，而客户分级是通过抓住重点客户进行重点投入和维护，并坚持二八定律来提升销售业绩。

第一节 区域规划与管理

本节对区域规划的背景进行分析,其次分析企业要做区域规划的原因、什么是区域规划,最后提出区域规划的具体做法,以及做好区域规划的目的主要有五个方面:寻找市场机会、分析市场潜力、销售指标分解、提升销售平台、打造样板市场。

一、认识区域规划

1. 区域规划的背景分析

在做区域规划之前,一定要认清当前所处的市场环境。一直以来,医药流通行业的特征是三个字:小、散、乱。小就是规模小,医药公司各自为阵,市场覆盖面也小;散就是不同类型的医药公司很多,地域分布也不均衡,多的地区有很多医药公司,少的地区一个也没有;乱是没有形成一定的市场效应和规模效应,因为各个省份招标价格不统一,窜货横行,恶意竞争经常发生。随着医药流通行业集中度的逐步提高,这种小、散、乱的市场格局将会被打破，未来医药流通行业的竞争是规模的竞争、网络覆盖实力的竞争，也是和药企配合程度的竞争。

总结就是，大、整、齐。大就是规模大，具有品牌优势；整就是不同市场，不同终端的客户整合在一起，比如重庆医药集团整合医院市场，商业分销、连锁药店、大健康产业、医院和诊所等集团化的整合，通过设立重庆市下属每个区县的子公司，把集团化推进的优势最大化地显现出来；齐就是步调一致，能够和药企战略合作，看重长远的发展，重庆医药集团的 30 多个区县子公司如同一张网，每个公司下面有几百家终端，药企只需找到分管区县子公司的事业部，和集团层面谈好合作，重庆医药就可以配合药企将药品快速渗透到上百家，甚至上千家的零售终端，这种规模化的渠道能力就显现出来了。

据赛柏蓝的消息，在中国医药商业协会主办的"2017 中国药品流通行业供给侧改革创新论坛"上，发布了《2016 年药品批发、零售连锁药店百强名单》。2016 年，药品批发企业主营业务收入前 3 位同比增长 11.0%，前 10 位同比增长 12.5%，增速与上年相比逐渐减缓，流通集中度正在提高。从市场占有率来看，2016 年前 100 位药品批发企业主营业务收入占同期全国医药市场总规模的 70.9%，比上年提高 2 个百分点。其中，前 3 位药品批发企业占 33.5%，与上年持平，前 10 位企业占 47.7%，比上年提高 0.8 个百分点。主营业务收入在 100 亿元以上的批发企业占同期全国医药市场总规模的 55.9%，比上年提高 4.2 个百分点。根据以上数据分析，百强药品批发企业的市场占有率正在提高。

附：中国医药商业协会榜单

表 4-1 批发企业主营业务收入前二十位

序号	企业名称	地区
1	中国医药集团总公司	北京市
2	华润医药商业集团有限公司	北京市
3	上海医药集团股份有限公司	上海市

续表

序号	企业名称	地区
4	九州通医药集团股份有限公司	湖北省
5	广州医药有限公司	广东省
6	南京医药股份有限公司	江苏省
7	中国医药健康产业股份有限公司	北京市
8	康德乐股份（香港）有限公司	中国香港
9	华东医药股份有限公司	浙江省
10	安徽华源医药股份有限公司	安徽省
11	重庆医药（集团）股份有限公司	重庆市
12	浙江英特集团股份有限公司	浙江省
13	四川科伦医药贸易有限公司	四川省
14	山东瑞康医药股份有限公司	山东省
15	云南省医药有限公司	云南省
16	天津天士力医药营销集团股份有限公司	天津市
17	山东海王银河医药有限公司	山东省
18	嘉事堂药业股份有限公司	北京市
19	民生药业集团有限公司	河南省
20	中国北京同仁堂（集团）有限责任公司	北京市

表4-2 零售企业销售总额前二十位

序号	企业名称	地区
1	国药控股国大药房有限公司	上海市
2	中国北京同仁堂（集团）有限责任公司	北京市
3	重庆桐君阁大药房连锁有限责任公司	重庆市
4	大参林医药集团股份有限公司	广东省
5	老百姓大药房连锁股份有限公司	湖南省
6	云南鸿翔一心堂药业（集团）股份有限公司	云南省
7	益丰大药房连锁股份有限公司	湖南省
8	辽宁成大方圆医药连锁有限公司	辽宁省

续表

序号	企业名称	地区
9	上海华氏大药房有限公司	上海市
10	云南健之佳连锁店股份有限公司	云南省
11	漱玉平民大药房连锁股份有限公司	山东省
12	成都百信药业连锁有责任公司	四川省
13	甘肃德生堂大药房连锁经营有限公司	甘肃省
14	河南张仲景大药房股份有限公司	河南省
15	哈尔滨人民同泰医药连锁店	黑龙江省
16	南京医药国药有限公司	江苏省
17	重庆和平药房连锁有限责任公司	重庆市
18	吉林大药房药业股份有限公司	吉林省
19	湖北同济堂药房有限公司	湖北省
20	河北华佗药房医药连锁有限公司	河北省

在集中度逐步提高的背景下，医药生产企业务必要对区域市场中流通领域的变化和整合有清晰的认识，及时调整营销战略，重新选择合作伙伴。所以，非常有必要进行区域规划，通过区域规划的方法来匹配企业的战略和市场的发展。

2. 区域规划的原因

区域规划的原因是发现市场中任何一个可能的销售机会，也是做区域规划的根本目的。由于各省市招标的政策不同，且差异较大，医药生产药企一般以省为单位进行销售市场划分。那么，如何做好省级平台区域的规划与管理，成为关注的核心？目前大多数医药生产企业执行的销售政策是全国一盘棋，没有重点，也没有对不同的地域进行市场区隔，不能更好地适应不同的地方特色。单独就交通而言，西部偏远省份的物流水平远远不能与东南沿海地区相提并论。那么对于药企而言，在考虑销售政策时，医药流通企业的物流成本也要综合考虑，不能一概而论。相较于之前全国一盘棋，笼统营销的时代已经结束了，如何根据现有市场的特点，因地制宜地制定出恰当的营销政策，以及对区域内的渠道做出合理的规划和安排至关重要。销售经理最关心的问题是什么？毫无疑问，当然是完成销量，销售人员的核心目的也是一切以销量为中心。

对于高层管理者而言，尤其要深入了解区域规划的理论概念。市场环境日益复杂，只有在变化中学会适应的技能，才能适应不断变化中的市场。简单地说，就是只有结合区域的特性，找到销售机会，才能完成企业制定的销售目标。

对于中层管理者而言，通过对区域市场进行分析以后，发现可以给市场带来增长的机会，然后匹配相应的资源来抓住市场机会。对于区域管理者，尤其是省区经理而言，在目前医改大背景持续深化的过程中，正确理解每一个不同的政策，做好承上启下的工作是对省区经理最大的考验。

对于销售主管而言，在政策方面比省区经理了解得相对较少，主要偏重某个地区。以地级市为例，该地级市具有网络覆盖优势的经销商和大型的连锁药店，都是销售主管需要分析掌握的。通过引入区域的概念，对该地级市整体的市场布局有一个统筹规划。

对于销售代表而言，主要侧重于各自的客户。销售代表通过分析自己所负责的客户，可以对不同客户的实力进行摸底排查，在面临业绩压力时能够适时调整工作的方向，抓住工作的重点，使得工作的重心不会偏移。**通过区域规划的方法可以提高工作的效率和业绩的效能。**

也许有人会有疑问，我们自己都是独家产品，还有必要做区域规划吗？答案是肯定的，通过引入区域规划的概念，以省为单位，可以分析同等经济、人口、GDP、终端数等一系列宏观指标，找出和相似省份的差距，利用找出的差距，就能发现某个或者某几个省份的市场机会。

二、如何做区域规划

区域规划与管理的核心是进行区域的市场分析：信息收集、市场潜力评估、POA制定。

1. 信息收集

公共信息收集：收集各个政府相关部门的公共政策，主要是招标、物价、医保方面的政策。综合的市场信息，主要是市场布局分析、市场中的龙头医院，龙头医院的渠道经销商。公认的渠道信息，渠道分销中特有的渠道惯例，比如分销毛利率和终端毛利率，不同省份有一个默认的市场惯例。最后，把所有收集到的公共信息进行综合的整理和分析。

分析销售规模：利用年鉴、行业数据，对不同类型的客户和整体市场的销售规模进行分析、筛选和排序，通过一定的数据模型，匹配公司未来的发展战略，结合市场占有率和网络覆盖面对客户有一个基本的综合评价。

分析区域业务：针对某个市场的特性，对业务结构、客户特性、地域特性、交通环境、人文环境等进行深入的分析，找出某个区域中不同于其他区域的特性。

下面介绍做区域规划与管理的流程：区域市场分析、客户管理、业务管理、人员管理、POA制定、计划执行、过程控制。这里将重点分析信息收集。区域市场分析的第一步是信息收集，信息收集的方法主要有以下三种：

（1）调查法。

调查法一般分为普查和抽样调查两大类。对于个体的调查，则主要采用两种调查方式：访问调查法和问卷调查法。常用的是问卷调查法，是一种包含统计调查和定量分析的信息收集方法。

（2）文献检索。

文献检索就是从文献中检索出所需的信息的过程，文献检索分为手工检索和计算机检索。

（3）网络信息收集。

网络信息是指通过计算机网络发布、传递和存储的各种信息。收集网络信息的最终目标是给广大用户提供网络信息资源服务，分为网络信息搜索、整合、保存和服务四个步骤。

除了上述三种方法外，还有观察法和实验法，在区域规划中用得不多，这里不做详细介绍。收集到的信息在一定程度上可以成为经过处理的数据。同时，数据之间有一定的关联性的，也要分析不同关联性之间的逻辑关系。任何一个数据或者信息都不是孤立存在的，相互之间或多或少地总会存在一定的关系或联系。在数据的收集过程中，一定要收集原始的数据，因为数据是用来记录事物的，原始材料仅代表不同的事件和含义，只有整理和处理过的数据才能够转化为可以利用的市场信息。

2. 市场潜力评估

区域规划最主要的目的是对市场潜力进行综合评估。市场潜力预测是指在某种市场环境下，对市场需求所能达到的最大数值的测算。其作用是有助于确定企业的经营目标、挖掘市场潜力、扩大产品销量、提高企业效益。

通过预测某个市场有多大的潜力后，结合收集到的信息，对市场进行潜力的综合评估。

市场潜力的大小，决定市场开发价值的大小，决定营销资源配置的多少，也就是属于市场容量的范畴。通过综合分析，对市场进行评估，以及通过一系列潜力指标的分析，进而得知市场的成长性。

市场潜力评估的四个维度如下：

（1）市场容量（规模）。衡量整体市场的规模大小。

（2）市场增长率。以全国或者行业增长为参考值，衡量某个市场的整体增长率的高低，有助于分析整体市场的大环境。

（3）市场强度。对市场占有率、市场覆盖率、产品的成长性等方面进行综合评估。

（4）政策风险。由于医改政策逐步下放到地方政府，不同地区的政策会有较大的差异。

商业市场潜力评估的几个指标如下：

终端潜力＝终端的年西药用量×某公司产品应占的比例×（1＋年增长率）

渠道分销潜力＝下游分销商的年西药用量×某公司产品应占的比重×（1＋年增长率）

渠道分销潜力的其他因素：下游分销商的协议量、下游分销商的掌控能力、当年的商业策略（纯销—利、渠道分销—量）、销售团队的促销支持等。

3. POA 制定（行动方案的制定）

区域规划是循序渐进的，是一个持续不断调整的过程，具体的工作流程：分析市场、确定机会、设立目标、制定方案、确定行动计划、了解市场。然后，再分析市场，是一个循环接着一个循环地反复推进的工作过程。在这里要强调的是在设定目标的时候，需要关注两种目标。

（1）投入目标。活动资源和能力，比如学术活动、客情关系、拜访频率、覆盖数、销售技能的专业化程度等，需要清楚地设定投入的人力成本和活动资源的具体目标。

（2）产出目标。最终追求的是销量的提升，比如销售额、指标完成率、市场份额占比、市场份额的增长率。通过市场的投入去获得一定的产出，不能只有投入而没有产出，也不能只有产出没有投入。俗话说："想叫马儿跑得快，就得给马儿多吃草。"

第二节　客户分级

一、客户分级的原因

这里的客户是指处方药零售市场中的经销商和零售商，和前面提到的渠道成员属于同一个范围。记得三年前在西部某省，市场连续几年停滞不前，原有的销售经理始终坚持原来的合作伙伴，没有发现市场发生的变化。后来公司在调整战略时，重新对人员进行布局，新任的销售经理在半年内对原有客户进行优化，增加了实力雄厚的集团公司，通过大幅度地调整渠道合作伙伴、优化渠道结构，使得当地的医药市场在短期内快速增长。因此，客户分级的技能必须要深入各级销售人员的心中，以可变的意识随时面对动态的市场环境。

为什么要实行客户分级，原因如下：

1. 每个客户能给企业创造的收益不同

比如不同类型的商业客户要求的毛利水平不同，纯销客户一般要求正常的配送费即可，商业分销客户要求的分销毛利水平则远远低于纯销客户，而零售客户所要求的毛利率水平则远远高于纯销客户。但是，分销客户以规模获利，纯销客户则以配送服务获利，零售客户因为覆盖面广、分布广而散的原因，毛利相对较高。对于生产企业而言，针对这三类客户付出的销售成本也不同，要结合销售数量，获得的收益也不同。

2. 企业的资源是有限的

企业不可能对所有客户的市场资源投入都是一样的，这样不利于市场结构的发展。不能用做零售客户的资源来做商业分销客户，这样企业会赔本。所以，需要通过客户分级来对客户进行等级划分，针对不同的客户投入相匹配的市场资源。

3. 每个客户给企业带来的价值不同

虽然商业分销客户要求的毛利较低、市场投入较少，但是能够给企业带来长远的渠道利益。零售客户由于分布广、变化快，企业在高投入时会有高产出，但是不一定能够持续稳定地给药品生产企业创造价值。

4. 企业的需求和预期待遇也有差别

有句经典的话是"你以为的就是你以为的"，用在客户分级中非常形象，你原来以为的那个实力不行的客户，他的业绩产出就是很好，你以为的那个实力很强的客户的业绩却很差，这是为什么呢？因为没有进行有效的客户分级，通过客户分级，以特定的评价指标来衡量客户的价值就不会存在这种情况。

5. 客户分级是有效地进行客户沟通、实现客户满意的前提

客户分级的前提是对客户有一个充分的了解，对客户有一个合理的分级定位以后，在和客户的沟通过程中可以扬长避短，达到双方密切合作的目的。

二、认识客户分级

1. 客户分级管理

客户分级管理，是指根据客户对于企业的贡献率等指标进行多角度衡量与分级，最终按一定的比例进行加权。企业在依据客户带来利润和价值的多少对客户进行分级的基础上,依据客户级别的高低而设计不同的营销策略。那么,在引入零售市场的渠道管理方面,通过商业合作伙伴的贡献率、市场规模、市场占有率、销售人员数量等指标多角度衡量和分级,进行一定的加权分析。可以针对不同级别的客户进行相应的市场资源投入,并发现未来的销售机会,也可以通过客户分级发现客户存在的问题。

比如福建某经销商,在 2016 年时是某药企在福建地区最大的一级经销商,由于 GSP 的飞行检查,导致 GSP 证书被收回,当时欠某药企的货款 1200 万元。某药企销售人员顶着巨大的压力,连夜从外省赶到某经销商处收款,幸好某药企和福建某经销商合作关系良好,且某经销商很讲信用,加上某经销商董事长的弟弟也从事医药流通行业,当即某药企把某经销商业务转移到某经销商弟弟的公司名下,没有给某药企造成任何损失。如果某药企在客户分级过程中,能够引入风险管控机制,提前发现某经销商可能存在的风险,更早地把业务进行缩减和转移,当时也不会给某药企销售人员有如此大的压力。

2. 客户分级的概念

根据客户级别的高低,需要了解一下和客户分级相关的重要概念,那就是二八定律(80/20 法则)。80/20 法则又称帕累托法则,是由约瑟夫·朱兰根据维尔弗雷多·帕累托当年对意大利 20% 的人口拥有 80% 的财富的观察而推论出来的。在财富分配方面,意味着 80% 的财富被 20% 的人拥有。80/20 法则认为:原因和结果、投入和产出、努力和报酬之间存在无法解释的不平衡。一般来说,投入和努力可以分为两种类型:

(1)多数,它们只能造成少许的影响。比如大多数人都是在平淡中度过的,下面通过一组某公司的数据就可以看出。

以某公司某个地区 2016 年全年的销售数据为例,总共 420 家客户,带来了 1.9 亿元的销售额。其中,A 类客户 26 家,销售额 0.8 亿元;B 类客户 22 家,销售额 0.3 亿元;C 类客户 32 家,销售额 0.3 亿元。按照 80/20 法则，20% 的客户是 84 家（420×0.2），80% 的销售额是 1.5 亿元（1.9×0.8）。从刚才的数据分析 A+B+C 类客户合计是 80 家，销售额是 1.4 亿元。基本符合二八原则，20% 的客户带来了 80% 的业绩产出。同时，来了解一下小客户所占的份额，年销售额小于 10 万元的客户有 205 家，销售额贡献不到 0.1 亿元，也就是说，占据客户总数一半的客户的贡献度带来的销售产出不到 5%。而销售额第一的客户销售额是 610 万元，销售额第二的客户销售额是 520 万元。前两名客户的销售总额已经超过 205 家小客户的销售额。这也充分证明了利用二八原则进行客户分级的重要性和意义所在，抓住核心的重点大客户远远比花很多精力在小客户身上带来的产出要高很多倍，通过客户分级找准工作的方向，找出工作的重点，收获的成果是巨大的。

（2）少数，它们造成主要的、重大的影响。在人们心中，品牌效应的力量是巨大的，当你感冒时，第一时间想到的那个感冒药品牌会对你的购买意愿造成强大的影响。

主要销售基层市场的客户，就是零售市场的重点客户，需要根据客户的重要性程度，以客户产出贡献度的维度进行分级，将客户分为 A、B、C、D 四个不同的级别。根据渠道经销商合作的意愿。网络覆盖能力。市场的销量。未来的增长潜力分类，不同类型的客户扮演不同的角色，针对不同的客户制定详细的市场策略。坚持 80/20 法则，不同级别的客户投入的促销资源和市场资源也不一样，对重点客户多投入资源。

潜力客户应当进行重点的工作投入。小罗开始负责重庆甲连锁公司时候，根据当时的市场情况，甲连锁公司有 300 多家门店（月销售额大约 7 万元），销售收入却不及同市仅有 80 多家门店的乙连锁公司（月销售额大约 7 万元）。一方面说明该连锁公司对小罗所在市场的产品支持力度不够；另一方面说明该公司的潜力巨大。那么是什么原因造成了这种差距呢？通过了解知道，乙连锁公司是一家正在快速发展的公司，对能吸引顾客的产品大力支持，A 药品恰好就是这样的药品，他们当然非常乐意支持。反观甲连锁公司，他们对药品的毛利有一些要求，而 A

药品毛利又比较低，所以他们的重视程度就比较低，并且他们公司引进了高毛利的 A 药品的竞品。在这种情况下，站在甲连锁公司的角度来看，他们的不重视就显得合情合理。仔细分析，难道小罗就没有机会了吗？A 药品最大的缺点是毛利低，但是相对于那些高毛利的品种，小罗所在公司的优势却很多，比如强大的处方拉动、有专业的人员维护、承诺退换货，还能提供店员教育等。每一个优势都是强有力的武器，短时间内看没有杀伤力，但是随着小罗对甲连锁公司的辛苦付出，其所带来的优势就会产生复利效应，发挥巨大的威力，大约一年的时间，甲连锁公司的销售额就跟乙连锁公司持平。在这一年里，小罗不停地做甲连锁公司的客情工作，尤其是高层领导的关系维护；不停地扩大覆盖面，提升覆盖率；A 药品的医院处方量也不断地从医院流出，而 A 药品的那些竞争品种却在该连锁公司换了一批又一批，为什么呢？因为总有比竞品毛利更高的产品出现，所以坚持潜力客户的持续追踪，一定能够带来销售产出。

3. 打造重点客户

顾名思义，就是培育出某一家或几家客户为销售本公司药品的 VIP 客户，在和其他客户沟通的过程中，以重点客户为榜样激励其他客户。某个省级区域内，甚至就全国来说，知名的客户对药厂的支持本身就是一种品牌宣传。对于国内医药零售行业而言，连锁药店的龙头企业是老百姓、一心堂、国大药房。如果老百姓的谢子龙、一心堂的阮鸿献、国大药房的赵小川都能够支持的工作，下面的连锁会有不同程度的支持，就能够起到一定的带头作用。通过建立成功的重点客户，能够给其他客户树立榜样，也可以给销售人员提振信心，人家能做到，同样规模的客户也可以做到，使大家在销售的过程中有你赶我、我追你的销售氛围。由于每个销售人员的精力是有限的，如何通过客户分级、抓住重点客户，抓一家，成一家，重点打造一家，提升一家，将公司的资源和销售人员的精力匹配在一起，明确打造王牌客户销售额的概念。不同客户的定位不同，笔者认为首先将年销售额 50 万元作为一个目标，如果在零售市场诞生了年销售额超千万的连锁药店，那么对整个零售市场会产生强大的品牌影响力。

以小罗在另一个市场的经历为例，他在开发丙连锁公司时，遇到的问题更是棘手。丙连锁公司有八百余家门店，但该公司在当时几乎没有销售我们的药品，而该省的丁连锁公司月销售额都是在七八十万元，为什么会产生如此大的差异呢？小罗在走访市场的过程中发现，丙连锁公司的门店形象和店员素质相对于竞争对手来说做得更好，门店整体形象好、服务一流，是很多年轻人的选择，但是这些可都是成本。怎么办？尽量卖毛利高的药！是不是感觉和甲连锁公司很像，但是他们做得更绝，低毛利的药品不销售，没得谈。而小罗公司的高毛利竞品在他们门店却销售得很好，凭借的就是其良好的形象和服务。丙连锁公司只能在规定的时间去谈业务，谈业务还要提前预约。预约不成功，直接去公司见客户，去了之后会失望的，因为他们的办公区有一道玻璃门，只有他们公司的人刷卡才能进，其他人不能进，能不能跟着他们公司的人一块儿溜进去呢？对不起，不可以，请在外边等，在外边洽谈室先电话预约……真让人心累。

是不是就只能这样呢？肯定不是的，什么都不做，只能停滞不前。静下心来仔细分析，首先小罗公司的药品在丙连锁公司有着巨大的市场潜力。当然，万事开头难，从开始建产品档案到购进第一盒药品，这中间做了大量的工作，总算有了点进展。进店就能卖得好吗？当然不是，因为在跟他们公司 N 次谈判之后，他们就让 4 家门店进货，不接受覆盖计划，也不接受任何活动方案。好吧，那就先 4 家门店吧，慢慢来。在持续的工作后，他们也慢慢地注意到市场的需求，在半年之后又扩展到 50 家门店，并且上了电子货架。在 2017 年年初，又扩展到 128 家门店，并且把小罗公司在售的所有品种都逐一建档，2017 年 10 月销售额也达到 6 万多元，相信在不久的将来，丙连锁公司会有一个更大销量的突破。

4. 客户分级的类型

对客户进行分级，就是根据经销商不同的类型，药企制定适合经销商的管理策略。针对主要的销售对象是二甲以上医院的纯销客户，所采取的管理手段和连锁药店零售的管理手段当然是不同的。针对不同的客户，签署不同类型的协议，给予不同的激励政策，协议约束条款和激励政策都是不同的。根据渠道内经销商网络覆盖的终端类型分为三类：纯销、分销、终端。纯销客户就是配送等级以上大医院的经销商；分销客户是某个省有商业分销网络，将产品分销给地级市或县级市经销商的公司；终端客户是直接面对零售终端，以零售药店、诊所等第三终端为主的经销商。

目前，根据不同公司数据统计需要和对客户货款回笼需要，笔者倾向于对所有客户进行的分级：信用一级商、现款一级商、二级商、DTP药店、战略连锁药店、连锁药店、战略准销商、其他准销商。这个分类是结合前面提到的准销制度所采取的分类，根据客户的网络终端类型，以及是否签署战略合作协议做出的分类。逐一分析如下：

（1）信用一级商。有账期的，可以欠款的，有信用额度的，直接和药企发生业务的经销商，也称为一级批发商，销售目标医院和二级商等客户的，签署一级经销协议的客户。

（2）现款一级商。先打款后发货的，没有信用额度的，直接和药企发生业务的经销商，也称为一级批发商，销售目标医院和二级商等客户的，签署一级经销协议的客户。

（3）二级商。从一级经销商处进货销售目标医院的经销商，也销售部分其他客户的药品，签署二级经销协议的客户。

（4）DTP药店。DTP又称DTC，即制药企业将其产品直接授权给药房做经销代理，省去代理商，患者在拿到医院处方后由药企医药代表引导，去合作DTP药房买药。需要负责医院市场的医药代表共同维护医生和药店的关系，由于在目标医院部分产品不能正式进入医院销售，放在医院门口的药店销售，由患者凭医生处方购买的专业的服务药房。

（5）战略连锁药店。和公司签署战略连锁协议的连锁药店，公司根据协议条款给予一定的市场支持。

（6）连锁药店。没有和公司签署战略协议，允许销售公司产品，是销售人员开发和维护的连锁药店。

（7）战略准销商。和公司签署战略合作协议，是销售人员重点开发和维护的经销商，根据市场情况需要投入一定的市场支持。

（8）其他准销商。没有和公司签署战略协议，允许销售公司产品，是销售人员开发和维护的其他渠道分销商。

上述分类中，只有连锁药店和其他准销商是和药企不签署协议的客户，为了满足零售市场拓展的需要，允许销售药企的产品，但是销售人员不一定像其他几类客户一样去维护关系，需要根据销售代表的工作时间来确定拜访频率和市场活动支持。但是签署协议的客户都是药企的重点客户，是需要销售代表付出精力和资源去重点维护拓展的客户。

三、客户分级的方法

首先对商业客户的市场潜力进行分级，其次对药店市场潜力进行分级。

1. 商业客户市场潜力分级

为什么要进行商业客户分级呢？首先分析商业客户的需求，经销商最大的需求是如何运作生意和提高利润，其中利润是首要需求，也是所有经销商的共同需求。同时，当客户的数量超出营销管理者所能管理的幅度，同一客户可能带来两次或者两次以上的销售或服务，不同客户的价值差异明显时，企业必须根据客户的不同价值分配不同的资源。

先来了解商业客户的市场份额分级的方法。主要有两个评分标准：销售额占60分，现有客户近半年销售数据排序得分；终端覆盖数占40分，现有客户近半年流向终端数据排序得分。具体的评级如表4-3所示。

表4-3 商业客户的市场份额分级方法

1级	2级	3级
不小于80分	60~80分	60分以下

对于销售额高、终端覆盖数多的商业客户，需要重点投入资源进行维护。

接下来了解商业客户的市场潜力分级：评分标准，销售潜力占30分，现有客户近半年品类销售数据中，按我公司产品数量占比，占比越小得分越高；终端覆盖能力占40分，现有客户可覆盖终端数，按产品空白终端数量排序，空白数量越多得分越高；销售服务潜力占30分，专职销售人员数量占20分，配送车辆数量占10分。将这几项的得分进行加权汇总，然后得出一个总分。具体结果的评级如表4-4所示。

表4-4 商业客户的市场潜力分级

1级	2级	3级
不小于80分	60~80分	60分以下

显然，一级客户是需要重点拓展的客户，因为在该客户中，销售潜力的空间越大，目前的占比较低，可覆盖的空白终端数也越多，专职的销售人员多、配送车辆多。该商业公司的网络覆盖实力强，而目前我公司相对处于空白状态，所以该市场是未来需要重点拓展的市场。

对商业客户销售属性和管理侧重进行分类，如表4-5所示。

表4-5 商业客户销售属性和管理侧重的分类

分类项目		全能型	纯销型	配送型	渗透型
控制能力	资金	√	√	√	√
	物流	√		√	√
	信息	√		√	
	下游网络	√	√		√
拓展能力	销售队伍	√	√	√	√
	终端覆盖	√	√		√
	终端服务	√	√		

由此可见，纯销型、配送型、渗透型的商业公司各有所长，唯有全

能型的公司能够对整个区域内的市场进行覆盖，同时具备终端的控制能力和拓展能力。

2. 药店市场潜力分级

可以有几个考虑的指标：药店的客流量、平均客单价、该门店的西药总销量、购买相关产品人群的比率、每个疗程的推荐量。

药店的潜力 = 客流量 × 平均客单价 × 该门店的西药总销量

药店品类潜力 = 客流量 × 购买相关产品人群的比率 × 每个疗程的推荐量

利用波士顿矩阵分析法进行分析，具体分析模型如图4-1所示。

潜力小　　　　　　　　　Ⅱ 用量大 没有许多顾客买药，店员在一线推广你的药品	潜力大　　　　　　　　　Ⅰ 用量多 有许多顾客光临药店 店员在一线推广你的药品
潜力小　　　　　　　　　Ⅲ 用量少 没有许多顾客买药 店员在二线和三线推荐你的药品	潜力大　　　　　　　　　Ⅳ 用量少 有许多顾客光临药店 店员在二线和三线推荐你的药品

图 4-1　波士顿矩阵分析

纵轴，药品目前的使用情况，上大，下小；横轴，客户潜力等级，左小，右大。分为四个象限，第一象限是潜力大、用量多，采取的市场策略是进攻或维持；第二象限是潜力小、用量大，采取的市场策略是维持；第三象限是潜力小、用量少，采取的市场策略是放弃或进攻；第四象限是潜力大、用量少，采取的市场策略是进攻。因此，我们需要重点拓展的市场是第一象限市场，潜力大且用量多的药店是工作的重点。

3. 利用九宫格法对客户进行分级

九宫图又称为"洛书"，是最早关于数的起源之说。《周易·系辞上》说："河出图，洛出书，圣人则之。"后人根据九宫图创造了"九宫算"的计算方法，九宫图既是一种组合计算，又是一种益智游戏。

后来形成的"九宫算"及"排九宫"等都是以九宫图为基础。下面将九宫格的理论引入客户分级，对客户的不同级别进行分析。具体分析方法如图4-2所示。

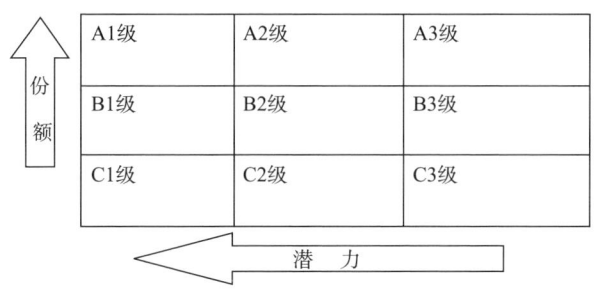

图4-2 九宫格客户分级

横轴是客户的潜力，纵轴是目前所占的份额，结合前面分析的销售额、终端覆盖数，可以得出某个客户的级别。如果条件允许，可以多增加分析的指标，采取加权平均的算法，使计算出的数据更加具有可比性。九宫格分析法，是将搜集到的数据细化，分析出需要重点关注的客户，从C3级到C1级、从B3级到B1级，潜力逐渐减少，从C级到A级的份额逐渐增大。对于A1、A2、B1、B2级别的客户，需要重点关注。对于A1级的客户，则是大局已定，潜力发挥得差不多了。C3级别客户潜力大、份额小，A1级别客户潜力小、份额大。因此，根据市场需要，不同级别客户采取不同的市场策略。

处方药零售这样做

第五章 价格的设定

作为一名销售人员，你是否被层出不穷的政策搞得晕头转向，今天这里刚出台一个政策，明天那里又出台一个政策，三明模式还没搞明白，医联体又开始有政策。**在无数的政策中，是否存在共同点呢？笔者认为是存在的，核心就是两个字：降价。**因为处方药的定价权掌握在政府手中，近几年来，国家为了缓解"看病贵"的矛盾，开始出台一系列的政策和措施。其本质就是为了降价，药品价格降低了，老百姓的负担就减轻了，医保的支出就减少了，这是系列政策的初衷，也解决了前面谈到的医改痛点。药品的本质是治病，并且以疗效定乾坤，在此基础上如何做好价格管理对处方药零售尤为重要。

第五章 价格的设定

第一节 处方药的价格特征

由于处方药的特殊性，需要有诊疗资格的机构才能销售，开处方的医生需要取得执业医师资格。处方药的价格不同于普通商品，也不同于OTC产品，主要的定价权掌握在政府手中，采取以省为单位招标的形式，不同省份的同一个药品的价格不同。因此，在处方药的营销过程中，由于不同省份之间存在价格差异，给企业的价格管理带来了巨大的挑战。企业表面上有自助定价的权力，但是在真正销售的过程中，医院还是需要通过省级的药品招标平台备案价格。所以，处方药的价格特征是政府主导，下面针对几个较为常见和热门的政策进行分析。

一、省级招标

目前处方药是以省为单位进行第一次招标筛选。从目前的采购方式来看，第一次招标定价分为五大类，采购方式特点如下：

1. 双信封招标

竞争激烈，唯低价。投标的药品生产企业须同时编制经济技术标书和商务标书。经济技术标书主要是质量层次，分为原研、首仿、专利药、独家等。通过经济技术标书评审的企业方可进入商务标书评审。在商务标书评审中，同一个竞价分组按报价由低到高选择中标企业和候选中标企业，竞标价格明显偏低、可能存在质量和供应风险的药品，不予中标。比如以下两个药品的中标结果和质量层次如表 5-1 所示。

表 5-1 法罗培南和噻托溴铵的中标结果和质量层次

通用名	剂型	规格	单位	系数	质量层次	中标价	制剂价格
法罗培南	片剂	0.15g	盒	9	GMP	115.87	12.87
法罗培南	片剂	0.1g	盒	12	GMP	123.62	10.30
法罗培南	片剂	0.2g	盒	6	国家科学技术奖	64.52	10.75
法罗培南	片剂	0.2g	盒	12	国家科学技术奖	129.05	10.75
噻托溴铵	粉吸入剂	18ug	瓶	10	GMP	81	8.1
噻托溴铵	粉雾剂	18ug	盒	6	GMP	49.5	8.25
噻托溴铵	粉吸入剂	18ug（含药粉吸入器）	瓶	10	GMP	92	9.2
噻托溴铵	粉吸入剂	18ug	瓶	10	专利	145.72	14.57
噻托溴铵	粉吸入剂	18ug（含药粉吸入器）	瓶	10	专利	166.52	16.65

结合规格及质量层次来看，专利和国家科学技术奖的药品明显价格偏高，在招标中会优先考虑。在处方药的零售市场中，一旦某个省份中标了，随着高端医院的处方拉动，零售市场一定会有不错的市场表现。

2. 挂网采购

柔性采购，销售"破网"。2010 年成立的重庆市药交所先进行挂网试点，交易主体实行会员制。会员包括卖方会员——医药生产企业，药品流通环节的配送公司；买方会员——使用药品的各级公立医疗机构。

按照"质量优先、价格合理、量价结合、规范配送、限时结算"的基本思路，实行电子挂牌交易。卖方会员和买方会员在重庆药品交易所电子交易平台签订电子购销合同，共同选定配送企业完成配送交收。卖方会员和买方会员可以随时议价，药交所也可以随时进行挂网价（中标价）的动态调整。药交所创立的宗旨是，旨在探索完善医药流通体制，减少医药流通环节；降低药品交易成本，抑制药价虚高；完善监管手段，规范药品流通秩序；形成合理价格，推动建立科学合理的药品价格形成机制。从价格动态调整的时效性来讲，药交所非常快，快得让很多药企没有喘息的机会，公布之日起，要么接受降价，要么退市，中间可以缓冲的时间大多数是48小时以内。随着全国中标价格的透明化程度越来越高，重庆市药交所价格动态调整的快速反应能力的作用就显现出来了。价格再高的药品，经过多次的、反复的、不定期的价格调整，一定能够快速地降低到全国最低水平。

继重庆市药交所之后，广东省也开始进行挂网，并且与带量采购和二次议价融合在一起，每个季度，甚至每个月进行一次价格的动态调整，可谓以组合拳出击来降低药品价格。在这种情况下，处方药的中标价不统一，对于处方药零售而言，一定要把零售价维护在一个相对合理的空间，不能忽高忽低，价格的相对稳定性能够给患者一定的安全感和品牌信赖度。

3. 国家谈判

国家意志，以价换量。国家出面和外资企业进行谈判，在2017年4月14日人力资源和社会保障部发布的《2017年国家基本医疗保险、工伤保险和生育保险药品目录谈判范围》中，44个药品入选，与2016年平均零售价相比，谈判药品的平均降幅达到44%，最高的达到70%，注射曲妥珠单抗，商品名赫赛汀，是由跨国药企罗氏生产的药品，一支的零售价格就2万多元。而在一个治疗周期里，患者至少要注射14支。经过谈判，每支药品支付价降到7600元，降幅近七成。对于国家谈判进入国家医保目录的药品，地方政府需要配合纳入医保目录，不同省份纳入目录的时间不统一。对于这类药品，视情况是否拓展零售市场，价格高的药品则走高端市场，并不适合做零售市场。

4. 定点生产和特殊药品

保障短缺药供应，由国家招标定点生产、议价采购。毒麻、精神类药品，确保公开透明的原则。由于在处方药零售中，定点生产和特殊药品所占比重太小，不做深入分析。

二、其他降价手段

随着医保资金的有效性和医疗资源的无限性之间矛盾的加剧，前几年价格完全掌控在省级政府手中的局面逐步被打破，降价的权力中心开始下移，尤以医联体为代表，开始出现新的降价手段：二次议价。

1. 二次议价

二次议价，是指药品采购参与各方与供应商在省级中标之后的再次定价过程。相关人士认为，是为了取消强制招标。由于在药品购销过程中政府主导统一招标采购，剥夺了购销双方的议价权，遏制了药企之间正常的质量、价格竞争。企业的正常经营及获利空间很大程度上取决于是不是单独定价，是不是在品种目录内等因素。随着医保支付价的执行，提高了各级医疗机构议价的积极性，因为低于医保支付价的部分可以作为医院的利润留存。

2. 医联体

医联体，是指区域医疗联合体，通常由一个区域内的三级医院与二级医院、社区医院、村医院组成一个医疗联合体，旨在推进建立大医院带社区的服务模式和医疗、康复、护理有序衔接的服务体系。多家不同层级的医院联合起来和药企进行价格谈判，同时构建分级医疗、急慢分治、双向转诊的诊疗模式，促进分工协作，合理利用资源，方便群众就医。比如发热感冒的就不用再去三级医院，小医院也能看病，目的是解决百姓看病难的问题。

3. 带量采购

药品的带量采购是指在省级集中招标采购的基础上，由医疗机构或医联体把需求集中起来，与药企进行成交确认，明确采购的品种、数量及价格等，将量价挂钩，通过"量"的方式，达到合理降低药品价格、让利于民的目的。目前深圳 GPO 模式，取全国最低的三个省中标价的平均值作为入市价，经过综合评审后进入议价谈判程序，结合医院上报的采购数量，再由药企综合权衡是否接受降价。

4. 零差率带来的隐形降价

对于处方药的零售市场而言，原来在零售药店可以和医院一样能够在中标价的基础上顺加 15% 的毛利空间，随着零差率的实行，使得医院的利润被严重压缩，很多医院开始把药品的经营当作包袱。同时，极大地压缩了零售连锁的毛利空间。如何通过价格的杠杆调节作用来保证零售连锁的毛利水平则极具挑战性，价格的管控作用在零售市场的作用更加明显。

三、认识其他的价格特征

1. 涨价也是存在的

当一碗面从一元钱涨到五元钱，当一瓶矿泉水涨到两元钱的时候，CPI（居民消费价格指数）都涨得这么高了，人们的生活成本在大幅度地提高，难道说药品只能降价吗？答案是否定的。价格是降了，但是药企不愿意销售了，赔本的买卖不做了。近几年出现一种现象，就是老百姓买不到常见的便宜药了，因为一直以来受招标唯低价政策的影响，医院和药店药品断货现象不断，低价药"中标死"屡屡曝光，一些药企在药品招标采购中恶性竞争，导致低价药招标价远低于生产成本，从而出现短缺甚至消失，最后患者无药可用或只能选择高价药。因此，国家层面为了解决老百姓想买买不到、企业不愿意生产的矛盾，开始放松对低价药品的价格控制。为鼓励药企生产低价药，减轻患者使用高价药的负担，国家取消 530 种药物的最高零售价，生产企业可在西药费用日均不超过 3 元、中成药日均费用不超过 5 元的前提下自主定价。同时，督促地方政府建立低价药品清单进入机制和退出机制，对于涨价幅度过大和涨价依然不供货的药品或者企业实行退出机制。

最引人注目的涨价案例是东阿阿胶。东阿阿胶经历了多轮提价，自 2016 年 11 月出厂价上调 14% 后，春节后又启动新一轮提价，零售价将从 2300 元左右提升至 2700 余元。福胶、同仁堂阿胶等也跟进调整价格。如果自我定位为"药中茅台"的东阿阿胶有其特殊性，那么 2017 年涨价的药品范围确实涵盖了大量品种，在此不再赘述。中西成药均面临原材料的价格上涨问题，原材料的涨价是本轮药品价格上涨的主要因素之一，上涨幅度最大的是原料药成本和包装材料成本。原料药的涨价动机，一方面医药行业原料药垄断现象较为严重；另一方面国家在环境治理上日趋严厉的举措给企业带来高昂的环保成本，导致原料药行业供给收缩、供应紧张，从而致使原料药价格上涨。

2. 合理定价

针对不同价格的药品，在连锁药店的分类不同，根据价格因素分为：负（零）毛利药品、低毛利药品、常规品种、高毛利品种。

（1）负（零）毛利药品。部分药品由于库存积压，临近效期，以及零差率导致零售门店的价格出现这种情况，但是这种药品又是药店的必需品，药店不得不销售。通常情况下，零售药店把毛利低于 5% 的药品列为负毛利药品，当然这里面也真正包含卖家低于进价的部分药品。

（2）低毛利药品。毛利相对较低的药品，许多处方药就在此范畴，一般毛利空间在 5%～15%。

（3）常规品种。也称优先品类，是指能使患者想起药店，就能满足患者的大部分需要的药品。比如感冒、腹泻、蚊虫叮咬、跌打损伤等，家庭日常用到的常备药品。

（4）高毛利药品。在零售市场，一般把毛利率按照倒扣计算 30% 以上的药品称为高毛利药品，因为这类药品是能够给药店带来利润的药品。

最后，不是某一个种类的药品越多越好，而是要提高综合毛利率。具体的方法是，通过负（零）毛利药品吸引顾客，通过常规品种和低毛利品种留住稳定的顾客，持续不断地做好服务的同时给患者提供高毛利药品，从而达到提高企业药品综合毛利率的目的。

3. 设置价格带

价格带（Price Zone），是指一种同类药品或一种药品类别中最低价格和最高价格的差别。价格带的宽度决定门店所面对的消费者的受众层次和数量。不同的患者可以接受的价格水平不同，经济水平好的患者当然愿意购买品牌药，而对价格敏感的患者希望能够买到质优价廉的药品。同时，由于门店位置的定位不同可以分为商业型、社区型、医院型、工厂型、乡镇型等不同的定位。也由于门店周围的人群组成不同，比如中老年人、青年人、儿童的比例，导致消费人群、消费习惯、消费能力之间存在较大的差异。因此，通过合理地设置价格带可以发现潜在的消费者。

价格点是决定顾客心目中品类定位的基点，而价格带是决定顾客购买空间的范围。药店的管理目标是提升销量，促进患者购物，价格带的管理与顾客的销售分析密切关联。一方面品类的销售业绩会影响价格带的调整；另一方面价格带的变更也会影响该品类药品的单价水平。两者是相辅相成、相互影响的变量。价格带管理要以顾客为中心，但并不能完全立足于目前的顾客群体，要注意引导培养明天的顾客。我们在思考上比顾客超前一大步，才能在实践中比顾客超前半步。

4. 价格适中

价格适中符合零售和第三终端主流消费者的需求。根据居民消费水平，终端零售的处方药价格应该在 10~30 元，结合具体的治疗病种，不同病种、不同患者人群的价格接受度不一、敏感度不同。一般来说，价格太低没有市场运作的空间，即便是在零售市场也无法做大；价格太高会自动将消费者人群细分化，市场容量比较小，也很难有大作为。当然，还是回归到核心前提：医院终端强势，有一定的患者认知基础；同时，必须是大品类、常用药。一般来说，市场需求大、见效快速、使用方便、消费者可以自我判断症状和疗效的品种，或治疗周期长、容易反复发作的常见慢性病药品，比较容易在零售市场取得成功。据调研，居民患病后自我药疗的前四位症状分别是感冒和呼吸道疾病（占89.6%）、消化道疾病（占55.7%）、各类疼痛（占33.9%）、皮肤病（占17.5%）。

第二节 管控价格的重要性

价格也许是整个营销方案中最容易调整的因素，其他因素如产品特色、渠道，甚至沟通都需要花费更多的时间。价格也向市场展示了企业对于其产品或品牌的价值定位。因此，一个精心的药品价格体系的设计可以赢得溢价并获得丰厚的利润。

一、认识频繁地降价

政策层面频繁地招标导致同一个化学名的药品的价格差异巨大；在消费者层面，根据消费者的收入，会有一个心理的价格下限，低于这个价格就表示质量较差或不能接受。比如之前卖200元的药品突然变成100元，患者会不会想这是假药。同时，在消费者心里也会有一个价格上限，高于这个价格就会使他们望而却步，认为价非所值。对于中小型药企而言，频繁地降价和提出各种政策导致药企的生存空间越来越小。当招标降价低到某一个价格时，企业就不能生存了，利润微乎其微，不能保证药品的品质。

虽然频繁地降价，各个省份的价格不同，各个地级市的价格不同，各个医院的价格不同，但是药企还是要坚持自己能够赖以生存的价格底线。因为价格是企业的灵魂，把价格做烂了，也就离死不远了。药企不以盈利为目的的无限制地配合政府降价，短期内可能获得了一定的收益，但是从长远来看，招标降价已经把企业压榨的没有多余的利润来改进生产工艺，提升药品的质量，更不要说投入新药品的研发。这也是许多药企放着好好的药不做，转行去做其他产业的原因。

比如某省的F公司是当地的龙头医药生产企业，曾经风光无限，但是在房地产热潮时转行去做房地产了。虽然老板在前几年挣了很多钱，如今在房地产市场淡季的情况下还有几个烂尾楼卖不出去，导致资金链也存在问题，也因为耽误了这几年变革发展的黄金时期，研发和营销都没有跟上，F公司的经营举步维艰。

E公司当年的门店数量就有300余家，是该省当地发展得最好的连锁公司之一。但是当房地产狂潮来临时，老板将大量资金和精力投入房地产行业，导致药店因资金问题进货不畅和门店扩张停滞，错失发展机遇，让该地的另外两个连锁公司借此迅速发展壮大。一个连锁公司现在已上市，在某省内的门店2500多家；而另一个连锁公司省内的门店800多家。现在房地产狂潮已过，老板重操旧业为时已晚。如果老板当年一心发展药店，现在上市的就很可能是E公司。

在处方药的零售市场拓展中，眼看着大蛋糕来了，谁都想切一块，但是企业一定要在同一个区域内做好价格的管控工作，将某一药品的零售价控制在一个相对合理的价格带，不能出现价格差别很大的局面，这样会损害企业的形象和药品的品质。

二、回归药品的本质：治病

1. 处方药生产企业的三大核心竞争力

（1）研发

持续不断地更新换代药品，才能保证企业永续发展。疾病的变异快,市场发展快,以青霉素、抗生素为例,已经发展到好几代。所以,为了减轻患者的病痛,防范可能出现的病毒变异,药企要以发展的眼光看待问题,药品的研发要符合疾病的发展和时代发展的特征,更要符合国家政策对仿制药一致性评价的要求。

(2)渠道

渠道稳健且具有竞争力的渠道管控措施一定是获得企业长足发展的关键。直营团队(区别于招商代理)的优势是,能够和渠道各环节的经销商快速地占领市场,尤其在新药品快速进入市场时。渠道本身具有动态性,在营销过程中,需要快速反应的销售团队对渠道做出及时地调整和变化。一家公司能否长期生存发展,很大程度上取决于其营销渠道系统建设水平的高低。理论上,药品被药品生产企业生产出来后就进入流通环节,想要销售成功离不开渠道成员的合作。因此,世界上的著名企业品牌背后都有一个成熟的营销渠道,比如全球最大的饮料公司巨头可口可乐,从诞生以来就不断地改善自己的渠道。

(3)学术推广能力

传统意义上的带金销售受到诸多限制,尤其是来自法律的约束,因此,转型开展学术推广是药企能够持续健康发展的基石。未来营销的竞争是综合实力的竞争,随着医改的推进,以往通过利益营销的格局被打破。那么,如何使药品历久弥新?学术推广很关键。

研发决定了市场中有好的药品,渠道决定了药品持续快速地占领市场,强大的学术推广能力保证了药品能够在市场中稳定地销售。

最后,在了解处方药的价格特征的同时,不能忘记回归医疗的本质,做好以关爱为前提的价值医疗。关注医疗服务给患者的生活、工作、心理等带来的变化,构建医疗、保健、康复、健康教育、预防五位一体的服务模式。以预防为主,注重病人的心理健康及治疗后的康复和保健。同时,普及防病知识、慢性病干预为主要内容的健康教育,延伸预防保健的服务内容。医疗未来的发展,一定是从以单元型临床治疗为主的医疗产品,向以健康管理为主的终端中转移、去发展。

三、药品应以疗效定乾坤

老百姓印象中药品越贵越"好",或者是进口药好,事实上药品有没有疗效才是关键。"药品定价有相应的合理定价机制,100毫克的阿司匹林,100片卖1.92元,大家都想象不到这么低的价格,你觉得可信吗?"如何让药品达到最好的治疗效果,同时价格也比较低廉?药品需要大批量工业化生产,也需要国内药企加大研发投入,缩小和原研药的质量差异,这是能够把生产成本降下来的根本方式。

所谓卖价格,就是要产生溢价。所谓溢价,就是卖得比别人贵。对价格敏感的人,会反复追逐价格。因为低价带来的客户,也会因为更低的价格而离开。换句话说,价格带不来客户的忠诚度。在定价的过程中,一定要采取价值定价法,通过低价提供高质量的药品或服务赢得顾客。不是简单地定低价,要求企业重新安排经营活动,降低成本却不牺牲质量,吸引大量的注重产品价值的顾客,这就需要采取差别定价的手段,最常见的措施就是将处方药在医院和零售市场的规格进行区分。在条件允许的情况下,可以通过涨价来提升价值,一次成功的提价能带来巨大的利润。

企业应当通过一系列的营销手段把产品卖出应有的价值。以药品的价值作为长远的追求,而不是以药品的价格来拓展市场,因此,一定要把产品卖值了。在营销学中有个经典的案例:一名业务员问老板:"当地一家小厂的价格很低,拼价格很厉害,我们拼不过他们,怎么办?"老板的回答是:"它的价格这么低,为什么它是一家小企业,而我们是大企业呢?"通过低价格扰乱对手的同时,也扰乱了自己。扰乱对手是暂时的,扰乱自己才是永久的。2017年,流行的电视剧《那年花开月正圆》里沈星移的生意经:做生意打价格战,永远敌不过提高品质的战术,高品质高价值才是亘古不变的硬道理。

随着人民生活水平的提高,老百姓对价格的敏感度逐年下降。对于药品而言,人们更倾向于质量和效果而不是去贪图便宜。随着中产阶级的消费升级，通过降价的调控手段已经失去了原有的作用。以恩替卡韦分散片为例，外企的定价是240元一盒，目前国内仿制药药企在政府轮番的降价要求下，已经降低到外企定价的零头不到，你觉得这种做法老百姓会信赖你吗？低价产生的是价格认同，高价产生的是价值认同和品质认同。因此，守住企业的生存底线，关注药品的品质至关重要。

第三节　价格体系的设置

前面提到了价格的重要性，那么在拓展处方药零售市场的过程中，有个关键环节一定不能忽略，那就是各中间商环节的价格体系设定，包含渠道各个中间环节所赚取的利润的设定。利润设定是结合价格的管控一起设定的，合理的价格管控能够避免渠道各经销商之间打价格战，导致市场恶性竞争。不仅有利于管控渠道，还能更好地通过价格体系促进零售市场的长远稳定发展。

一、各中间商环节销售价格的设定

处方药的定价权掌握在政府手中，采取的基本都是招标的形式，不同省份的价格不同，这就对药企在流通领域的各个中间商环节的价格管控提出了更高的要求。最好的办法就是将等级医院销售的规格和零售市场销售的规格区分开。价格体系不仅关系到企业和各级渠道成员的利润问题，还能反映出企业的渠道管理水平。如果价格体系设计得合理，那么渠道冲突就会相应减少，企业的核心竞争力就会得到增强。

在渠道各个中间商环节的价格设定中，需要将渠道的所有环节紧密结合，对不同级别的经销商的进价和销售价进行严格的管控。比如要求一级经销商销售给不同客户的价格不一样，主要是五大类客户：协议经销商、协议连锁药店、非协议客户、诊疗单位客户、社会小药店。不同类型的客户应该采取不同的价格销售，一级经销商在计算机系统中设定好针对不同客户的销售价格。对于药企销售团队能够管理到的协议客户，要求协议客户的销售价格也进行管控，尽量避免渠道价格混乱的现象，使得渠道各个环节最终销售给患者的价格药品基本在合理的价格区间内。

对于渠道中流通环节的价格设定，需要单独来谈。因为不同的销售对象的销售价格不同，不能叫医药公司开门迎客，来的都是客，随随便便就把药品销售给任何客户。在市场经济中，这是不科学的，需要针对不同的客户采取不同的销售策略。协议客户有协议客户的价格，非协议客户有非协议客户的价格，医院有医院的价格。**不同环节把价格管控好了，到了患者购买药品时，才不至于让患者吃亏，或者是占便宜，从而让零售价保持在一个合理的价格区间。**

比如某药品的中标价是100元，并且实行了零差率。医院的进价是100元，医院的销售价也是100元。如何设置渠道各环节的价格和利润体系？具体设置价格的方法如表5-2所示。

表5-2 设置价格的方法

项目	流通环节		××药品		渠道管理客户的毛利		零售终端的毛利	
	客户性质	销售对象	销售价格	流通环节利润率	客户性质协议毛利	客户性质对应的合计毛利	销售对象的协议毛利	销售对象的毛利
中标价			100					
出厂价			93					
销售价	一级商	一终端	100	7%	2%	9%	0	0

续表

项目	流通环节		××药品		渠道管理客户的毛利		零售终端的毛利	
	客户性质	销售对象	销售价格	流通环节利润率	客户性质协议毛利	客户性质对应的合计毛利	销售对象的协议毛利	销售对象的毛利
销售价	一级商	社会药店	95.79	3%	2%	5%	0	4.2%
销售价	一级商	连锁药店	93	0	2%	2%	3%	10%
销售价	一级商	三终端	100	7%	2%	9%	0	0
销售价	一级商	二级商	93.93	1%	2%	3%		
销售价	一级商	分销商	94.86	2%	2%	4%		
销售价	二级商	一终端	100	6.1%	2%	8.1%	0	0
销售价	二级商	社会药店	96.75	3%	2%	5%	0	3.3%
销售价	二级商	连锁药店	94.87	1%	2%	3%	3%	8.1%
销售价	二级商	分销商	94.87	1%	2%	3%		
销售价	二级商	三终端	100	6.1%	2%	8.1%	0	0
销售价	分销商	社会药店	96.75	2%	0%	2%	0	3.3%
销售价	分销商	三终端	100	5.1%	0%	5.1%	0	0

对于表5-2关于不同级别的客户的解读如下：

一级商：直接和公司发生业务的经销商。

二级商：渠道管控中能够配合药企共同执行销售策略的，签订协议的经销商。

分销商：没有签订协议的，药企销售团队不能正常管控，但是允许销售公司药品的经销商。

一终端：是指等级以上目标医院，就是说所有执行中标价的公立医院。

三终端：县级市场、乡镇卫生院、社区卫生服务站，也是执行中标价的公立医院。

连锁药店：公司销售团队能够管控到的签订协议的连锁药店。

社会药店：除了连锁药店以外的单体药房，以及未签订协议的其他连锁药店。

最后两列零售终端的含义就是各级零售终端的协议情况和毛利率水平。

如果中标价是100元，出厂价定位93元，零售价统一规定为100元，则关于不同级别客户利润的解读如下：

如果一级商进价是93元，销售给一终端（医院）是100元，利润率是7%，加上协议毛利率2%，合计是9%的毛利率。公立医院进价是100元，销售价也是100元，因为是零差率，所以公立医院的利润率和利润额均为0。

一级商销售给社会药店是在进价93元的基础上加3个点，93×1.03=95.79元，加上协议毛利率2%，合计是5%的毛利率。那么，社会药店的毛利率就是（100−95.79）/100=4.2%。

一级商销售给连锁药店是按照进价销售，仅仅赚取2%的协议毛利率。连锁药店的毛利率就是（100−93）/100=7%，再加上3%的协议毛利，连锁药店的毛利率合计是10%。

一级商销售三终端的情况和一终端是一样的。

一级商销售给签订协议的二级商是在进价93元的基础上加1个点，93×1.01=93.93元，加上协议毛利率2%，一级商合计毛利率是3%，销售给未签订协议的分销商是在进价93元的基础上加2个点，93×1.02=94.86元，加上协议毛利率2%，一级商合计是4%的毛利率。

对于二级商而言，进价是93.93元，销售给一终端（医院）是100元，利润率是6.1%，加上2%的协议毛利率，合计是8.1%的毛利率。同样，公立医院的利润率和利润额均为0。

二级商销售给社会药店是在进价93.93元的基础上加3个点，加上协议毛利率2%，二级商的毛利率是5%。此时，社会药店的毛利率就是（100−96.75）/100=3.3%。

二级商销售给连锁药店和分销商是按照进价加了1个点，加上2%的协议毛利率，总共赚了3%的毛利，具体进价是93.93×（1+1%+2%）=96.75元。从二级商进货的连锁药店的毛利是（100-93.93）/93.93+3%=9.5%的毛利率。

二级商销售三终端的情况和一终端是一样的。

由于分销商数量多，药企的销售团队的管控能力弱，所以分销商的价格相对较高。分销商销售给社会药店只能赚取2%的毛利率，此时社会药店的毛利率就是（100-96.75）/100=3.3%。分销商销售给社会药店只能赚取5.1%的毛利率，相对于社会药店来说，在某种程度上鼓励分销商销售具有诊疗资格的医疗单位，因为是零差率，所以公立医院的利润率和利润额均为0。因此，确保了付出合作诚意和资源的客户的毛利水平比没有付出的客户高，给没有付出合作资源的客户的价格，确保这些客户犯错（窜货）的代价远远高于重点合作的一级商和二级商。

A公司是一家著名的合资药企，王经理曾在西部某省做出业绩之后，被公司领导安排接手华东某省的一个大市场，担任该省的渠道零售经理，负责的市场规模是之前的三倍还多。华东某省因为前任经理的业绩没有达到公司预期，人员流动性大被公司降级了，在王经理任职后，发现各个地市连锁药店、社会药店的价格不一，在协同代表拜访的过程中，客户对此颇有微词，很大程度上影响了公司的品牌形象。药品销量也一直上不来，王经理因此非常苦恼。结合王经理之前的工作经验和三个月的市场走访，他为了稳定市场价格，增强品牌的影响力，决定增强价格链执行的力度，于是采取了以下做法：

（1）将一级商销售到二级商、连锁药店、社会药店、医院、诊疗单位（三终端）的价格确定好，要求一级商必须严格按照规定的价格销售。

（2）将二级商销售到连锁药店、社会药店、医院、诊疗单位（三终端）的价格确定好，要求二级商必须严格按照规定的价格销售。

（3）协议连锁药店与社会药店的采购价格拉开距离，协议连锁药店的采购价低于社会药店，提高协议连锁药店销售A公司药品的积极性。

（4）保证流通环节的毛利率，改变前任经理放任客户自己去销售的情形。

（5）重点维护连锁药店的零售价，不定期地扮演患者走访协议连锁门店的零售价，对于不按照规定执行的零售药店采取停止供货的处罚，责令其改正后方能再次进货。

在重申了价格链之后，对于执行不严的地市，对相关的代表及客户进行处罚，各地市之间对价格互相监督，协议连锁药店的采购价格低于社会药店，既保证了连锁药店的合理毛利率，又保证了药品价格在控制范围内销售。

三个月后，由于价格链的加强执行，给客户留下了 A 公司渠道把控严格的良好印象，客户的采购渠道清晰明朗，级别一样的客户采购价格一致，全省零售价在一定的范围内销售。王经理又通过促销、终端覆盖、客户教育、重点客户团队等活动，提高了药品的销量。自然，销售额也逐步回升，王经理团队的收入也增加了，在王经理的带领下重新树立了信心，也维护了公司的利益。

综上所述，对于价格链的核心解读，药厂销售团队能够管控到的客户，一级商、二级商、连锁药店，这三类客户是能够按照公司协议要求配合公司共同维护市场的客户。由于双方的相互支持，药厂给予这三类客户的毛利率水平也相当可观。但是，销售团队的人数有限，广阔的分销商覆盖的市场、非协议的连锁药店客户和社会小药店市场依然需要开拓，但是这些客户的配合度不高，因此给予的毛利率水平相对较低。同时，为了防止这些不能管控到的客户恶意杀价、变相竞争，采取的手段是利用价格体系保护和公司签订协议的客户的利益。

二、认识几个关于价格的概念

在拓展零售市场的过程中，销售人员必须清晰地认识和不同客户谈合作的几个常识概念。所谓在商言商，要从客户的角度出发，在零售市场中理解工作对象的真实想法和沟通中的算法。

（1）几倍空间。以往的处方药招商做法中，和代理商谈判的都是几倍空间，比如挂网价100元，代理商进价25元，那么就是100/25=4，4倍空间的概念就是这样产生的。但是，随着市场的发展，尤其是两票制的落地，这种谈合作的方式和说法有了一定的改变。

（2）顺加和倒扣的区别。这是商业计算毛利、成本、售价的两种方法，现在零售连锁常用的是倒扣。先来说明一个公式，毛利=（售价-成本）/售价。比如某药品A，成本80元，售价100元，毛利=（100-80）/100=20%。

供应商甲供应药品A，以成本价供应，供货价为80元。零售商顺加25%定售价，则售价=80×（1+25%）=100元。

同样的药品，顺加和倒扣哪种计算方法得到的利润大呢？答案是倒扣的利润大，原因就是倒扣从一开始就扣除了应有的利润点，保证了利润率，而顺加则远远达不到，通过顺加想得到同倒扣一样的利润就必须提高顺加的点数。如果想维持毛利额在20元，则毛利率从倒扣的20%变成顺加的25%。

下面举例来说明：

顺加：成本100元，加20%定售价，售价为100×（1+20%）=120元，实际顺加的毛利率为（120-100）/100=20%。

倒扣：要实际20%的毛利率，那么售价为100/（1-20%）=125元，实际毛利率为（125-100）/125=20%，这样利润一对比就知道了。

（3）毛利率的概念是建立在毛利概念的基础上的。毛利是净利的对称，又称"药品进销差价"，是药品销售收入减去药品进价后的余额。毛利率计算的基本公式是：毛利率=（含税售价-含税进价）÷含税售价×100%。另外，某特定时期内的净利/纯利=该时期内的毛利-该时期内发生的相关支出（包括折旧）。

（4）不含税售价=含税售价÷（1+税率）。以含税售价100元，税率为17%为例,则不含税价格=100/(1+17%)=85.47元。

含税进价=不含税进价×(1+税率)。以不含税价100元,税率为17%为例,则含税价格=100×(1+17%)=117元。

(5)资金周转率。处方药不同于OTC传统的压批,或者实销实结的做法。压批就是第一次进的货,在第二次进货时结算货款。实销实结就是在结款日即时结算当时的销量,不同公司规定不一样。比如6月进货1000盒,在7月20日结款时核对开始进货到7月20日期间销售的数据200盒,那么就结算200盒的款;8月20日结算时间核对7月20日—8月20日销售了300盒,就结算300盒的款,依此类推。这两种资金结算方式,对于连锁药店来讲,动销率比较慢、资金周转率较低。对于处方药零售而言,月结作为首选。比如9月20日为结款日,8月一整月的进货需要在9月20日全部结清,最划算的就是月结。所以需要引入资金周转率的概念,如果8月某药品进货4次,每周进货一次,一般情况下连锁药店和进货的上游经销商之间都是有账期的,而患者都是拿现金购买,一个月进货4次,可以说资金周转了4次,因此资金周转率较高。同时,药品的动销率水平也高。

资金周转率=本期主营业务收入/(期初占用资金+期末占用资金)/2

资金周转率是反映资金流转速度的指标。企业资金(包括固定资金和流动资金)在生产经营过程中不间断地循环周转,从而使企业取得销售收入。企业用尽可能少的资金占用,取得尽可能多的销售收入,说明资金周转速度快,资金利用效果好。

(6)流动资金周转率。这是反映流动资金平均占用额和所完成的周转总额之间的对比关系,从流动资金周转速度说明流动资金利用效果的指标,通常用周转次数表示。其计算公式为:

流动资金周转次数=年度(或季度)流动资金周转总额/年度(或季度)流动资金平均占用额

企业在一定时期内占用流动资金的平均余额越少,而完成的周转总额越多，表示流动资金的周转越快、周转次数越多，也就意味着以较少的流动资金完成了较多的现实任务。流动资金周转率除了用周转次数表示外，还用周转一次需要的天数来表示。其计算公式为：

流动资金周转天数＝360（或90天）/［年度（或季度）流动资金周转总额）/年度（或季度）流动资金平均占用率］

或＝［年度（或季度）流动资金平均占用额/年度（或季度）流动资金周转总额］×360（或90）

计算流动资金周转率时的周转总额，在零售领域应按销售（营业）成本计算。计算流动资金周转率时的流动资金平均占用额，可按定额流动资产计算，也可按全部流动资产计算。前者的计算结果是定额流动资金周转率，后者的计算结果是全部流动资金周转率。简而言之，周转率越高，占用的流动资金越少，获得的利润额越高。

因此，在销售人员拓展处方药零售市场的过程中，不仅要满足患者的购药需求、把控好渠道价格，还要协同规模以上连锁药店或者分销商做好资金的周转，通过快速的资金周转和存货周转给客户带来收益。处方药的零售首先追求的是规模收益，其次是周转率的收益，最后才是毛利率的收益，因为处方药在外流的过程中，降价已经让药企无利可图了，不能既做品牌，又做质量和研发。所以，高费用、高投入已经是不现实的。**对零售行业而言，逐渐需要从单纯地追求高毛利率的时代转向追求毛利额的时代。**

第四节　价格设置的要点

在前面介绍了如何制定价格体系的方法之后，还需要明确四个价格设置的要点，分别是：处方药的零售价在某个区域内要保持在一个合理的范围内；要确保各级经销商、连锁药店、各级医院和其他药品销售单位的利润；要制定一个药企方便管控的价格体系；要认识到价格管控是一个系统工程，不能一蹴而就，更不能随心所欲。

一、保证零售价在一定的范围内

随着医药市场格局的变化，无论是在流通渠道还是零售终端，品牌药企的维价工作越来越受到重视。各品牌药品生产企业对流通渠道和零售终端维价的重视已经达到前所未有的高度。**保证零售价在一定的范围内，不仅有利于保护患者的利益，更是确保药品生命力的关键要素，同时也是对企业品牌的真实反映**。价格差太大会让患者对药品的品质失去信任。零售价管控得不好，会使零售商打价格战，给药品的品牌带来不良影响。当药品做大做强时，一定要关注两个指标：品牌知名度和品牌美誉度。因此，维护终端价格的相对统一至关重要，在医药行业有个常用的词语就是终端维价。

导致品牌药企药品在药店终端价格混乱的主要因素有：

第一，药店以品牌药品降价促销来增加门店客流量。

第二，药品的市场供货价格与其市场最高零售价之间价差较大，给零售药店提供了很大的降价空间，导致药品在药店的实际零售价格远远低于其标准零售价格。

第三，渠道价格不稳定，导致药店进货价格差异性大，从而导致零售价格不一致，进而引发药店之间被动的价格竞争。

第四，品牌药品营销团队缺乏与零售药店，尤其是连锁药店之间必要的交流和沟通，缺乏价格维护意识，药店缺乏对企业维价的信心，因而不得不加入价格竞争，使得价格竞争愈演愈烈。

终端维价是解决终端利润低、负推荐的关键行动，要以长远合作为出发点。对于第二终端的零售价格而言，最主要的是从区域内大的连锁药店或平价店入手维价，再逐步扩展到其他终端，维价谈判中要不断地用数据去和终端沟通价格的统一是保护良性市场的关键，不仅不会损失销量，还会带来患者的忠诚度。

终端维价的具体方法如下：

（1）制定详细的维价监控计划，将易乱价的药店列为重点客户，每家店指定负责人，勤拜访，及时了解其药店信息动态。

（2）其他药店代表在日常拜访中不断强化维价带来的利益，销售没有影响，但利润增加，可以通过数据对比分析来沟通。

（3）一旦发现有降价的药店、有降价动向的药店，或有通过会员折扣、店庆等降价想法的店，必须通过各种方法说服并阻止，否则所有药店将跟着降价，造成前期所有的维价成果毁于一旦，下一次维价将更为艰巨。在无路可走，终端实在不配合的情况下，宁愿放弃某家客户，也要把终端的价格控制好。对于处方药零售而言，患者是由处方拉动带来的需求。随着零售业态的发展壮大，患者所居住的小区附近一般都会有好几家药店，所以放弃其中一家药店，一般情况下不会损失掉这个患者，也不会对销量有很大的影响。

二、确保各级客户的利润

由于不同的经销商在渠道环节给药企带来的支持配合度不同，给予经销商不同环节赚取的利润也不同。利润链设定原因：零售商由于店面租金高、运营管理成本高、整体推进的原因，零售的利润肯定要高于批发的利润；医药批发商主要依靠的是规模经济，薄利多销，所以利润较低。结合价格体系的构建，一级经销商针对协议经销商和协议连锁药店，赚取的利润相对较少，靠规模获利。对于非协议客户和社会小药店，利润则要适当地高一些，因为这些客户的销量比较少。对于诊疗单位客户，则是按照处方药的药品中标价进行销售，因为这类客户的回款周期较长，所以相应的利润较高。

在整个中间商环节利润链的设定中，需要兼顾所有客户的利润问题。对于社会小药店，协议客户的销售价格和非协议客户的销售价格基本一样，这样既保证了小药店的利润，又保证了经销商的利润，同时避免了小药店为了吸引患者打价格战的情况。对于协议的连锁药店，因为合作的紧密程度高，对药企的重视程度高，所以相对小药店而言，赚取的利润要高，但是连锁药店最终的销售价格和小药店一样，这样就保证患者在购买到药品时的价格基本在一个合理的区间。不仅维护了企业药品的品牌，也维护了经销商的利益，同时达到了终端维价的目的。

结合前面的客户分级，重点客户对药企的贡献度高，业绩产出也高，药企多投入一定的市场资源也是理所当然的。这也和整体处方药零售的思路不谋而合，处方药由于本身的品牌效应，需要大型连锁和形象单体店的客户来配合销售。对于小规模的店面，尤其社区店和偏远地区的小店来说，如果处方药药品销售单价超过500元，显然和当地的经济水平、店面的规模不匹配。结合未来零差率的推出，企业如何构建价格链和利润链体系，将所有零售终端的价格都控制在中标价，则需要根据不同地方经销商和连锁药店等客户对利润的要求设计适合当地市场的政策。

三、方便管控的价格体系

设置的价格体系尽量简单可操作，销售代表能够清晰地知道如何管控不同渠道环节的价格。不能一个药品一个政策，更不能一个一级商一个价格体系，这样不利于整体区域价格的管控，应该是以省为单位进行价格体系的构建。由于最近几年甚至未来的医改政策导向，处方药药品的价格随时面临着动态调整，这就更需要做好价格的管控工作，用简单的行之有效的方法，随时根据市场情况来调整价格体系。

在处方药的零售市场拓展中，尤其是第二终端的拓展中，需要药厂的销售人员明白两个和利润相关的概念：前台毛利和后台毛利。

（1）前台毛利（front-ground gross profit），是进价与卖价的差额。

（2）后台毛利（back-ground gross profit），是与客户签订的合同规定依据销售或进货，给予一定的折扣，或者是直接向客户收取的各项费用。

前台毛利 = 实际零售价 - 实际供货价，或前台毛利率 = （实际零售价 - 实际供货价）/实际零售价。后台毛利是指财务人员通过统计得到的药品的其他毛利贡献。简单地说就是：后台毛利 = 向药企实际收取的各项费用总和，或后台毛利率 = 期间内向药企实际收取的各项费用总和/期间内药企药品实际销售额。简单地说，如果某药品进价 30 元，零售价 35 元，35 - 30 = 5 元，这就是前台毛利，前台毛利率就是（35 - 30）/35 = 14.29%；如果该药品在年度/季度协议中明确如果达成一定的销售增长额外给予 3 元/盒的让利，这 3 元就是后台毛利，后台毛利率为 3/35 = 8.6%。则该药品合计的毛利额是 5 + 3 = 8 元，合计的毛利率是（5 + 3）/35 = 22.86%。

除了简单的毛利计算，还需要了解一个概念，就是动销率。从药企的角度和连锁药店谈动销,其实在业务层面更多的是关注药品的周转次数。药品动销率计算公式为:药品动销率=(动销品种数/仓库总品种数)×100%。简单地说,某个门店一个月进货4次,就比进货2次的动销水平高,药店用10万元每个月进货4次,相对于周转了4次,假定每次进货的利润是1万元,那么进货4次的利润就是4万元,所以药店也更愿意销售这类动销率高的药品。因此,在和连锁药店谈合作的过程中,需要清楚地了解药企自身的优势,当连锁药店提出毛利低时,一定要把药企综合的毛利水平和各种市场支持活动加在一起和连锁药店沟通。

四、价格管控是个系统工程

随着电子商务和互联网技术的发展,再加上不同类型客户的区别、不同省份商业环境的差别,不同的省份需要设置不同的价格体系来符合当地的市场规律。从市场角度出发,发达地区利润率低、周转率高;落后地区利润率高、周转率低、占用的资金多。

在整个管控价格的过程中,公司从上到下都要思想高度一致,认识到价格管控的重要性。同时,销售人员要做好客户的管理,提高团队的执行力,敢于按规定处理不按规定价格销售的客户,杀一儆百,药企的决心决定了市场能不能管控好的客户的决心,只有通力配合、全力出击,才能把价格管控在一个相对合理的水平。

许多患者认为价格预示着质量。患者觉得贵的药品就是好的药品,实际上药品更应该关注药品的治疗效果。根据经济学中需求与价格曲线之间的平衡来分析,患者对于药品而言,价格的敏感度相对其他药品而言较低;药品对于患者而言,是由药品的特殊性决定的,患者更关注疗效,是否能够治好病。从服用时间来看,长期服用的药品的敏感度较高。从年龄层面来看,老年人对价格的敏感度较高。

盈利模式的转变带来零售业新的革命,由过去的渠道盈利模式向未来盈利模式升级。"渠道为王、终端为王已经变成消费者为王。"而今的渠道是"全渠道",就是在任何时间,无论白天还是晚上,在任何地点,地铁站、商业街道等,以任何方式都可以买到药品的情形就叫作全渠道。通过系统的价格管控手段,用一个流行的词语表达就是供应链管理,其核心就是"把生产商、零售商、消费者抓成三点一线,没有其他中间环节,这才叫供应链"。其实质是供应商优化、物流技术提升、信息技术提升和流程优化。这也恰恰是渠道管理的核心,药企通过渠道的网络力量把零售商管控到位,患者在购买药品时价格又相对比较合理,因此,零售终端销售该药品的意愿度较高,而患者的信赖度也较高。

总之,处方药的价格有其特殊之处,在拓展处方药的零售市场的过程中,价格体系管控得好,能够极大地提升药企的综合实力和核心竞争力。所以,在处方药零售市场的拓展过程中,一定要掌握价格管控的手段和方法,以及做好价格管控的四个要点:保证零售价在一定的范围内、确保各级客户的利润、方便管控的价格体系、价格管控是个系统工程。

处方药零售这样做

第六章 零售市场的运营管理

当下流行的终端为王,有两个王道:一个是市场占有率,也就是通过广覆盖的手段提高覆盖率;另一个是对零售终端的控制力。零售市场的运营管理的核心是通过广覆盖的手段来方便患者就近购买处方药,还可以通过推拉结合的覆盖手段和多角度覆盖的手段来实现。然后介绍了运营方法和相关的配套措施。

第六章
零售市场的运营管理

第一节　运营手段

一、广覆盖

安妮·T·科兰认为市场覆盖暗示了有关地理或地域的问题，他觉得渠道结构离集中性分销越远，某一品牌在规定地区的销售商就越少，选择性和排他性的覆盖策略被反垄断机关称为"区域限制"。简单地说，就是选择性的分销模式是不明智的选择。结合中国的国情，限制销售的策略在医改的进程中已经不符合时代发展的需要。终端为王的时代呼吁更多的医药生产企业关注医疗零售终端。深度分销也要求企业关注更多的医疗零售终端，不仅局限于三甲医院市场。**终端为王有两个王道：一个是终端的覆盖面；另一个是对终端的控制力。**再好的产品只在某几个地方销售，患者的认知度都是有限的。这也是笔者所在公司近几年来持续推进的零售市场的主要策略。广覆盖，广覆盖和全覆盖是有区别的，不要求所有的终端全部覆盖，而是针对分析出来的有销售机会的终端最大限度地采取覆盖的策略。

  终端为王的目的是提高渠道的占有率，大型的零售连锁药店在区域内有强大的品牌优势，深度分销得深也体现在零售终端的覆盖率方面。同样化学名的药品，假如在甲连锁有销售，而在乙连锁没有销售，病人在乙连锁购买的过程中会存在被同类产品替代的可能，此时就能看出市场占有率的重要性。打个比方，某社区卫生服务站的医生在处方胃肠道药品时，不可能处方一个在社区卫生服务站里没有的药品而叫病人去院外购买，病人也不愿意放着医保卡里的钱不用而去到外面自费购买。由此可见，医疗零售终端对医药生产企业日趋重要，谁先占领了更多的终端，谁将会在零售市场获得更多的话语权。

  广覆盖的策略要考虑点线面相结合。点在核心大门店、KA门店，或者是重点客户、有影响力的终端、单体药店等，以单个的零售终端作为点，如同一个个细小的树枝；线主要是某个大型连锁药店，或者销售经理通过渠道网络能力将某家渠道经销商所覆盖到的多个终端串联在一起，如同树的树枝，把无数个零售终端串联在一起，通过一定的管理手段可以控制在销售经理手中，形成一条条有销售力的线路；面则是区域内无数条销售线路结合起来形成的一个网络，如同树干一样，承载起为树枝输送营养的责任，能够为树枝的生长带来更多活力。整个放在一起，通过区域管理的方法，就形成了一棵枝繁叶茂的大树。一个省就如同一棵树，全国的市场放一起就是一片生命力旺盛的渠道森林。

  鉴于广覆盖的追求，那么对于传说中的控销模式而言，笔者不赞同，具体对控销模式的不赞同之处是：控销更多的是做市场保护，就是对渠道的控制力较差，控制在一家或者两家客户销售产品。表面上具有垄断性，实质上是对市场的控制力差，如果区域内多家客户同时销售该产品，则会出现打价格战的情况。通过控销的做法，使得某个区域内没有竞争对手，独此一家渠道客户面对消费者就可以了。以某个县来说，控销模式仅选取其中一家连锁药店进行合作，那么对于这家连锁药店来说，其他的连锁药店不构成竞争，所以运作起来比较简单。但是对零售市场来说，不利于广覆盖发展的需要。

二、五个覆盖

零售市场覆盖策略的四字诀是：多、快、狠、准。（多：最大限度地将不同的产品覆盖到能够覆盖到的所有终端；快：最短时间内覆盖；狠：下决心一次性覆盖完成；准：准确地选择需要覆盖的目标终端。）在这个过程中，准是需要药企和经销商共同配合去完成的难度最大的工作，药企根据产品的特性，结合市场的特点，经销商根据各终端的发展潜力，同类产品的销售分布，通过不同的选择方法，最后统一起来，选取能够通过覆盖带来销售产出的终端开展工作，其核心依然是以满足患者就近购买处方药的需求为出发点而诞生的市场覆盖面的工作做法。

笔者根据不同类型的终端分为五个覆盖：

1. 区域覆盖

筛查清楚覆盖的盲区，地级市场区域选择 2~3 家客户，县级区域选择 1~2 家客户进行区域市场的拓展和覆盖。这里的核心是确保一个行政区域（省/地级市/县）至少有一家经销商/连锁药店销售本公司的产品。

2. 商业分销覆盖

保证经销商的合理库存，这是深度分销体系中对线的布局工作，通过批发性质的公司能够拉动一大批零售终端，就好比树杈，一个树杈可以带动整个树枝上的树叶。一级经销商就是树的主干，二级经销商和分销商，以及连锁公司就是树的树杈。通过这些流通领域中的渠道环节做好渠道的布线工作。

3. 目标医院覆盖

供货及时，避免断货，双渠道或多渠道供货；谈到处方药零售，高端医院的拉动带来的市场销售机会是销售的原动力。因此，有了处方带动的源头，才能有零售市场的细水长流，一定要做好重点医院的处方医生的工作。

4. 第二终端市场覆盖

主要针对连锁药店、大型的单体药店。对于连锁药店覆盖，锁定连锁药店和门店，快速一次性地覆盖，采取协议或者促销等手段。连锁药店相对于零散的单体终端而言，可以通过快速一次性的覆盖策略来完成覆盖。以重庆万和药房为例，从 80 家门店发展到 300 家门店的过程中，已经实行了事业部制的管理模式，2018 年的门店数目标是 1000 家，药企如何顺应万和药房的发展趋势，把处方药的覆盖面拓展到所有门店，在扩大覆盖面的同时形成强大的品牌合力。

5. 第三终端市场覆盖

深度分销的核心就是对终端市场的大面积撒网，某个处方药产品的动销终端数越多，就证明终端的覆盖面越广，终端的支持度越高，患者的接受度和认可度也越高。在覆盖目标中第三终端的锁定所采取的方法是双筛选，由销售代表和经销商的 VIP 业务员/开票员共同筛选，进行重点突破。

真正全面铺开的处方药的零售市场，其核心是零售价格需要维护在一个合理的区间内，不是靠打价格战拓展市场的，而是必须靠渠道管控和服务制胜，后面会有详细的分析。这就是**终端为王的第一个王道，终端覆盖面的多少，也就是市场占有率的多少，决定了某个药品有多少个终端在销售。**

三、覆盖的推拉结合

对于渠道网络中衡量覆盖的成功与否，采取的衡量指标是季度购进终端数。就是在某个区域，或者某个城市，或者某个客户，利用销售流向进行分析，了解季度间购进终端数的变化，以此来衡量覆盖的成功率。**提高覆盖所采取的具体手段是推拉结合。**

1. 推：学术推广，处方带动

通过对二甲以上医院进行学术推广工作，使得医生在临床工作中进行产品的疗效检验。首先使医生认可产品，然后利用高端医院临床医生的处方拉动效应，带动县级医疗市场中全科医生的医疗行为和处方习惯的改变，以及患者长期疗效的检验，推动产品在市场中处于领先地位。

处方药在等级医院以上市场是靠学术推广立足的，在处方药的零售市场，做学术推广的意义何在？方式方法何在？笔者认为，不同的市场，只是专业程度不同，所面对的消费者都是患者。处方药的零售市场的学术推广可以采用多种形式，最常见的是对店长和店员的培训，通过培训来提高学术知识和专业知识水平，包括对疾病的认识、药品的作用机制认识、疗效认识、用法用量认识等。

但是现场培训具有很大的局限性，受时间和空间的限制。药店的销售人员都比较忙，店里人手有限，所以没有很多的时间学习。

对于目前的市场情况而言，比较好的学习方式就是"碎片化学习"，在门店顾客较少的时候，通过网络平台、微信，或者网站视频，可以随时学习。对于产品知识的培训，药企可以借助一定的信息技术手段，做一个短片学习；对于产品的基本认识，学习完了以后配备测试和考试，加上专业人士在线指导、测评等。让店员在打发时间的同时寓教于乐，达到学习的目的。

学术推广的优势，从零售门店角度来说，第一步，需要做好品类优化，药店的产品不能和菜市场一样，什么产品都有，什么产品都能卖，这样重点不突出、服务不专业，药店仅仅是药品销售的场所，不能给患者带去更多的帮助；第二步，从真正意义上说，需要对所销售的产品有一个深入、系统的培训和学习，熟知产品的卖点，不同的患者、不同的疾病、不同的症状，能够简单地给出用药的指导。高中低价位的产品相互搭配，既考虑了患者的经济接受程度，也能够重点突出，店员针对同一症状的系列产品能够有一个基本的了解，可以给患者提供相关的医学建议和服务，而不仅仅是卖药。21世纪是知识大爆炸的时代，面对患者的一线销售人员，需要具备一定的医学知识来面对形形色色的顾客群体。

2. 拉动式销售策略

传统的拉动式销售策略主要是靠广告和各种宣传来刺激消费者的购买欲望，由于处方药的特性，国家不允许进行广告宣传，**拉动式的销售策略主要是指终端促销**。处方药的购买欲望和购买行为产生的根源是处方医生带动，因此，在零售环节主要是满足患者的购买需要，以及如何通过药店的服务提高患者的黏性。大家都知道，同一个化学名的药品生产药企众多，为什么患者选择这家药企不选择另一家药企的药品，就需要药企做好相关的促销工作。再好的产品在医疗终端没有销售，都会损失销售机会。假如一个患者去买某一个药品，连续在三个不同的药店/医疗终端都没有买到，除非那个药品效果很好，患者千方百计地想办法购买外，否则被同质化药品替换的可能性应该超过90%。同时，要对已经覆盖的医疗零售终端的销售人员进行培训和宣传，使一线的销售人员了解其产品特性，能够给患者提出合理化的用药建议。

具体的做法是，对药店的店员进行培训，在店内宣传，做好产品陈列，利用爆炸贴、POP进行宣传推广等策略吸引患者购买。比如节日优惠、新店开业、周年店庆，是进行促销宣传的大好时机；今日特价，每日一款或每周一款特价品，让顾客有机会购买到物美价廉的药品的同时，带动其他药品的购买需求；有奖促销活动，包括抽奖、赠送奖券、店铺优惠券等；会员日，吸纳患者成为药店的会员，会员日举办特价优惠、会员积分、会员关怀、会员培训等系列活动。

前面提到的慢病管理中，也提到了如何确保患者长期用药的问题，帮助患者减轻慢性病带来的病痛。那么，药店作为最贴近患者的零售终端，借助互联网的手段，可以及时提醒患者按时服药，也可以通过促销的方式、买赠的方式，联合药厂一起做产品促销，督促患者每次购买药品的时候按照一个疗程的用药量购买。这就是**终端为王的第二个王道，终端的控制力，最直接的指标就是动销率，看某个药品在某个终端是否连续地反复购进，也就是看是不是真的卖到患者手中。**

终端管控也好，终端为王也罢，在信息化和物联网进入人们生活的同时，对终端的控制力越来越凸显。如何让终端市场愿意销售你的产品，这一个简单的愿意就将很多有想法，但是做起来难度很大的企业拒之门外。如果品牌知名度足够，你的产品可以作为吸客产品，能够给零售终端吸引来患者。要不就是你的产品毛利很高，能够给药店带来利润。但是不管哪一种，产品的质量是第一位的，如果毛利很高，但是产品副作用大，容易出现质量问题，零售终端宁愿不销售也不愿意招来更大的麻烦。

四、多角度覆盖

在追求广覆盖的过程中，一定要从多角度、多终端类型、不同时间角度，放在一个三维动态的立体空间来评价覆盖的问题。不同的时间覆盖率不同，不同终端类型覆盖数不同，不同产品的覆盖程度不同。因此，需要从多角度、全方位、不同出发点进行覆盖。

1. 终端覆盖

终端覆盖就是前面提到的各级各类终端的覆盖面的扩大。显然，任何一个企业不可能覆盖所有的医疗终端。根据市场发展和产品特性，分级、分类、分阶段地进行覆盖，主要分为以下四个方面：

第一，等级医院的覆盖，省级、地级三级甲等医院为主，也就是常说的区域内的大医院。

第二，县级医院的覆盖，主要是县/区级人民医院、中医院、妇幼保健院、疾控中心。

第三，厂矿职工医院、民营医院、诊所、乡镇卫生院、社区卫生服务站、村卫生室等各类具有诊疗资格的医疗终端的覆盖。

第四，连锁药店和大大小小的药店的覆盖。当然，在覆盖的过程中，应该根据市场情况，区分先后顺序，分步骤地逐步扩大终端的覆盖数。

2. 产品覆盖

最开始如果有一个产品，对于有销售机会的终端能否扩展到两个产品、三个产品，甚至更多的产品，通过一个产品的品牌影响力，带动其他产品的销售机会。前面也提到过形成一个产品群推进，在零售终端打造药企的品牌知名度。

3. 客户覆盖

单个终端的覆盖是做点的工作，客户的覆盖是做线的工作，包括商业分销覆盖、第二终端覆盖、区域覆盖、第三终端覆盖。这些针对的不仅仅是某一个终端的覆盖工作，而是扩大到做能够串联起多个终端的线的工作。这里的客户指的是医药批发公司，通过它们可以覆盖多个医疗终端的经销商，也包括直营连锁药店，做好一家客户的覆盖就可以带来多个终端的覆盖结果。

4. 流失再覆盖

对于终端的衡量指标——季度购进终端数，如果某个终端一个季度都没有购进该产品，这个终端的动销水平明显很差，考虑是否被竞争对手替换，或者是对这个产品的认知度不够，通过办公软件进行筛选，需要对这类流失的终端进行二次覆盖。这类覆盖具有时间的动态性，不同时间的覆盖情况不同，所以需要在时空范围动态地衡量覆盖的情况。

覆盖不是一成不变的，需要把时间和空间两个维度共同结合起来理解覆盖的变化。市场环境随时随地发生着变化，要用变化的思维理解覆盖。除了三维空间理解覆盖的特性外，要赋予覆盖的动态特性。同时，顾客的需求随时在变，顾客的流动性也在变。今天的覆盖数不一定能够满足明天患者的购药需求。一般情况下，半年重新盘查一次覆盖情况为好，不定期地进行反复的二次覆盖，用动态的思维来理解覆盖数的变化，用动态的思想来理解覆盖的可变性。

第二节　运营方法

一、配套专业推广部门

如何做好合规？首先是改变以往老套的销售现状，不能一直躺在现有的成绩上睡大觉，过于依赖以往的成功模式将是自我陶醉，也是自寻死路。在当下转型期，在相信自己成绩的同时，需要适时地引入先进的管理模式，逐步过渡、稳步发展。需要设置专业的医学部和市场部，市场部是一个企业学术推广最重要的源泉和推动力所在，主要负责建立产品科学、合理的市场定位，并不断探索新的发展方向；同时还需制定产品的推广策略，并跟进推广计划的执行和效果的分析。医学部主要负责对前沿医学信息密切跟踪，并每月按时定量地推送至市场部产品经理处；同时还需负责医学研究项目的开展，创造自己产品的循证医学证据，真正对使用该产品的患者负责，最大限度地保证患者用药的疗效性及安全性。如果有必要，需要针对单个产品的多领域设置专门的产品经理，比如某一个产品，分别在血液科、外科、消化科、肿瘤科等方向设立多名产品经理，分别负责同一产品在不同领域的学术推广。像这样单品多领域的细分模式，最大限度地匹配了专业化的推广需要。

同时，学术推广无固定的形式，也没有固定的做法，药企只有不断地探索，不断地结合市场特征，寻求适合自身发展的模式，才能够得到更多患者的信赖。比如健民集团牵头组织的"龙牡杯"全国药店微信·POP创意大赛，是第十二届中国药店·健民集团龙牡杯金牌店长/店员评选活动，活动分为"金牌店长"和"金牌店员"两个赛组进行评选。不仅提高了店长和店员的销售技能，通过各大媒体和医药行业人的宣传，提升了龙牡壮骨颗粒的品牌知名度。步长制药举办的金牌店长训练营，通过对店长的专业知识和销售技能的持续培训，经过全国范围内的逐级选拔、层层竞赛，选拔出金牌店长，不仅传递了专业知识，还宣传了企业的品牌知名度。

在处方药的医院市场的学术推广很成熟的药企，一定要从零售市场的特征出发，配备专门的零售市场的推广团队，应当本着**"产品为本，学术为先，内容为王"的学术推广宗旨。也就是说，学术推广一定要有学术的内容，以具体的病症、治疗方案，或者解决患者的病症为出发点。**也可以通过各种项目管理的方式，比如PMP患者用药管理项目，通过项目管理平台将患者、医生、药店共同构建在一个平台上面，资源互通、利益共享，做大做强产品的品牌影响力，从而通过项目合作来提升产品的品牌效应和企业品牌的影响力。在不同的时期，根据不同的市场发展，也可以举办其他的学术推广活动，比如以病例收集的形式，将不同的病例特征收集在同一个平台上，方便更多的医生交流和学习，以此来提高临床治疗方案的准确性，让更多的医生提升医疗技术水平。

同时，需要加强营销配套部门的设置：配备专业的法律事务部门来审核协议和签订的每一笔销售合同；配备专业的市场稽查部门来稽查市场中不规范的行为；有专门负责员工绩效考核的绩效管理部门，考核员工的绩效达成情况；有专业的知识产权部门，负责对知识产权的相关问题进行解答和处理；配备专业的为营销团队提供数据支持的分析部门——营销管理部，定期分析销售数据，提供销售预算、销售进度跟进等数据支持；有专业的策划部负责策划和组织各类大型活动，同时对公司的 LOGO 等形象标识有统一的使用规范要求。

二、关联销售

医药零售市场目前存在的现状是"好卖的药不赚钱，赚钱的药不好卖"，并且目前的医保政策环境是医保资金严重短缺，因此，国家层面出台了一系列针对医院限制抗生素的使用，限制辅助用药的使用措施。曾有业内人士统计，仅 2017 年上半年就出台了 700 多项关于医改的政策，国家层面的政策 100 多项。加上银根紧缩，整个应收账款的周期变得更长，医院二次议价和零差率的执行，给医院在药品的销售方面增加了阻力。在这种政策环境和行业局面下，如何顺应国家医改的要求，需要药企在重视基层市场的同时做好关联用药的产品配套工作，或者加强关联用药的方法培训。未来几年，定点零售药店在医保基金整体分配中将占有更大的比重，慢性病用药管理的积极作用更加突出，因此，分级诊疗使更多的患者流向基层。随着人们收入水平的提升，未来的基层市场潜力巨大，大型连锁药店将是主要的发展趋势。

结合目前 OTC 市场发展的现状，药企给连锁药店以往的直供模式已经备受诟病，包括回款压力和执行力弱等因素，加上这些年在控销模式上的探索，以及随着医药电商的发展，零售药店如何找到出路？最好的出路就是做好关联销售，品牌产品搭配毛利较高的产品、不赚钱的产品搭配赚钱的产品。共同做好医疗服务的同时，提升全民的保健意识，做好健康服务。

关联销售的宗旨是以顾客健康需求为中心。核心是：一个中心，两个基本点（以疗效为中心，以提高客单价、提高毛利率为基本点）。药店需要站在顾客的角度考虑，能为顾客提供什么？除了产品，药店还有什么，能否提供专业的治疗方案、健康保健的方案。因此，关联销售的本质是，在满足顾客第一需求的同时，积极挖掘顾客的潜在需求，并满足其潜在的需求。**关联销售类似于捆绑销售，即将产品"打包"销售，**比如将牙膏和牙刷打包销售，其目的是在满足顾客需求的同时提高销售收入，达到双赢的目的。药店的关联销售的实质就是为顾客制定一套健康的解决方案，并根据这套方案搭配一定的药品、保健品、理疗器材、合理的生活方式、科学的锻炼标准，使顾客的健康得到保证。当你碰到一个购买"花红片"的顾客的时候怎么做好关联销售？首先，店员需要进行专业的询问，通过开放式问题的引导，明确患者的需求，了解是否是购买者使用，哪里不舒服，以前用过哪些药物等，通过提问做到不盲目推荐。在此基础上，明确患者的实际问题之后，如果是妇科炎症的情况，可以适当考虑推荐外用抗感染的药物，最后再搭配养血产品，既解决了妇科炎症，又达到了顾客保健的目的。

对于某个门店的店员来说，当你在秋天碰到眼睛不舒服的患者时，如何做好关联销售呢？依据中医理论，结合阴阳五行来分析，眼睛在五行中是属木，需要进行的辨证治疗的方法是清肝明目，因为肝开窍于目。所以在销售眼药水和眼贴的同时，如何进行关联销售呢？普通的做法是推荐清火的中药材，比如菊花、决明子，但是这些都是低值的中药，不能给门店带来利润额。那么，如何进一步提升销售额呢？其实，眼睛发生病变以后，可以按照护眼、保肝、养血的层次进行递进式的关联销售。

对于秋天咳嗽的患者，除了推荐止咳类的产品外，糖浆作为必备品，加上润肺止咳类的产品。同时需要提醒患者通过食疗来解决，比如川贝雪梨汤。到此为止了吗？肯定不是的，接下来如何进一步做好关联销售呢？询问患者的大便情况，因为秋燥，大便容易干。所以根据中医理论来说肾虚则喘，肺与大肠相表里。因此，肠燥的时候需要润肺，那么，补肺、补肾保健品和中药就容易让店员来推荐了。对于患者而言，既治病又保健；对于门店而言，既解决了患者的病痛又带来了销售额。

三、定向营销

选择定向营销，就是选择一种新的营销方式，以顾客为中心，一次服务只关注一位顾客，尽可能多地满足这位顾客的全方位需求。关注点从赢得更多顾客转向如何更加长久地留住顾客。定向营销和后面提到的慢病管理结合起来，从长期关注患者的健康出发，以持续改进患者的健康为终极目标。

定向营销的核心是企业与患者建立起一种新型的服务关系，即通过与患者的一次次接触而不断加深对顾客的了解。企业可以根据患者提出的要求及对顾客的了解，生产和提供完全符合单个顾客特定需要的产品或服务。即使竞争对手也采取定向营销的方式，你的患者也不会轻易离开，因为他还要再花很多的时间和精力才能使你的竞争者对他有同样程度的了解。实行定向营销的具体做法：

第一步，识别患者：通过会员管理的手段，搜集大量的会员信息，包括患者的名字、年龄、住址、电话号码、初诊时间、家族病史，以及掌握消费习惯、个人偏好在内的信息资料。企业可以将自己与患者发生的每一次联系都记录下来，比如患者购买药品的数量、价格、特定的需要、既往病史、业余爱好、家庭成员的名字和生日等。

第二步，患者分类分级：在充分掌握了患者的信息和资料之后，合理地区分患者之间的差别是重要的工作。根据不同患者的不同特性对患者进行评级，划分为A、B、C、D四个等级，根据不同等级来对患者进行分类，其目的是评估患者终身有可能购买某些药品所产生的经济价值，以便确定下一步双向沟通的具体方案。

第三步，"企业—患者"的双向沟通：定向营销的成功之处就在于它能够和患者建立一种互动的学习型关系，并把这种学习型关系保持下去，发挥最大的价值。其核心是善于创造机会让患者告诉企业他需要什么，并且记住这些需求，同时站在患者的立场来科学地完善这些需求，然后反馈给患者，由此让患者成为稳定的会员。

第四步，业务流程再造：定向营销的最后一步是重新设计企业的业务流程，对于药企而言，这个在前面的战略定位中已经进行了分析，需要结合企业的战略定位来匹配适合自己企业的营销策略对应的业务流程。当然，定向营销也是一个动态变化的过程，需要结合不同地区零售市场的特性来逐步匹配。

以糖尿病为例，一定要明确糖尿病的特性，可以简单地总结为糖尿病的五驾马车：适量运动、药物治疗、健康教育、饮食控制、自我检测血糖。比如对于某个糖尿病患者而言，持续在本店消费，并定期在门店测血糖的患者；对于药店而言，为什么就不能推荐血糖仪给患者，让他自己在家测试呢？对于药企而言，为何不设计出组合销售的策略呢？既方便患者使用药品和检测，又方便店员的销售。

另外，定向营销可以借助互联网手段来实现，利用第三方平台来精准地锁定目标门店，以及该门店周围对应的目标患者人群。利用大数据来找问题、找销售机会。药企需要改变营销观念，从传统的以销售指标为中心转换为以数据为中心，着力点转向研究数据背后的市场机会。那么，未来的发展趋势将是：**以产品为中心转化为以服务为中心、以人工为中心转化为以信息为中心、以毛利为中心转化为以动销为中心，从而真正做到工商合作模式的转化。**

四、慢病管理

在分级诊疗大政策的推动下，越来越多的慢性病将会转向基层医疗机构和零售药店。慢性病是慢性非传染性疾病的简称，是相对于感染性疾病和急性病而提出来的一组疾病的总称，主要是指高血压、心脑血管疾病、糖尿病、精神及神经性疾病等。慢性病一般为常见病、多发病；具有多种因素共同致病（多因一果）；一种危险因素引起多种疾病（一因多果）；有相互关联、一体多病等特点。慢性病不构成传染、具有长期积累形成疾病形态损害的疾病的总称。一旦防治不及，会造成经济、生命等方面的危害。慢性病的危害主要是造成脑、心、肾等重要脏器的损害，易造成伤残，影响劳动能力和生活质量，且医疗费用极其昂贵，增加了社会和家庭的经济负担。

对于慢性病，为什么国家政策倡导基层首诊？因为慢性病的防治放在患者就近的医疗机构，主要有以下几个原因：

（1）有利于提高患者的及时复查率。在患者所在社区坚持就近原则，医疗机构能够及时建立患者档案、及时掌握病情的变化、及时提醒患者按时复查，这是提高慢病管理质量的关键。

（2）提高患者的规则服药率，因为开什么药是医生的权利，而吃不吃却完全掌握在患者手里，如何督促患者按时定量服药是慢病管理的关键点。

（3）如何鼓励患者参与，提高有效控制率。慢性病多是终身性疾病，在漫长的管理过程中，要想提高管理质量就必须得到患者的理解和配合。通过教会患者自己测量血压、测血糖等，把患者拉进来，一起商讨治疗方案、康复计划，让患者直接参加疾病的管理、治疗和疗效评价。

针对慢性病的这几个需要，就对慢病管理在零售市场提供了更多的机会。做好慢病管理，主要的方法有：

（1）维护与保留现有患者。

（2）如何提醒患者按疗程服用，因为通过疗程用药，能够明显地提升临床治愈率。

（3）对患者进行赠药，一次性购买三个月的用量给予一定的促销活动，提升患者按时服药的积极性。

（4）培育健康管理师提供支持，提供一对一的空中服务。

慢病管理对于患者的管理，不仅要开源，还要节流。也就是说，在开发新患者、吸纳新会员的同时，一定要留住老患者，确保已有病人不丢失的前提下，再来争取新病人。慢病管理对患者的管理需要遵循："**以服务为导向，以产品为前提，慢病管理首先要从细分市场开始，逐步细分患者人群，才能成功的细分市场类型。**"慢病管理是一个长期的持续的发展趋势，药企可以自己成立健康管理中心，提供检测、检验、治疗等系统的服务，也可以分病种协助零售连锁成立健康管理中心，比如糖尿病健康管理中心、高血压健康管理中心、肝病健康管理中心等；也可以将执业药师组织起来，成立项目服务小组或者客服中心，搭建咨询平台来给患者提供专业的一对一服务。

同时，慢性病作为长期服药的疾病，建议在零售药店更换大包装进行销售，给患者和店员宣传按疗程使用的学术推广观念，让患者和销售人员逐渐接受慢性病需要长期服药治疗的理念，大包装不仅服用方便，还有利于避免中途停药现象、病情的二次恶化。以高血压疾病的患者为例，如果持续稳定地服用降压药，则血压和血管的张力相对稳定。如果发现症状减轻之后中途停药，则会对血管的张力造成伤害，就和橡皮筋一样，突然拉得很紧，张弛无度，久而久之则会使血管失去弹性，造成病情恶化。**对于慢性病而言，需要坚持的学术推广理念是："长疗程、足剂量、大包装、坚持用。"** 顺便认识两个不正确的服药理念，在中国人的传统理念中，是药三分毒，一旦症状有轻微的改善则立即停药，这是不对的，尤其对于慢性病应当坚决摒弃这种错误的观念；或者觉得症状减轻以后将药片掰开吃，减少剂量，这种服用方法也是不可取的。

五、会员管理

会员管理，服务好每一个会员，让会员成为忠实的顾客。以往药店是把会员卡仅仅作为打折卡来使用，以推出会员价来吸引患者。随着信息化和智能化的发展，门店必须明白做会员管理的真正目的，那就是做会员管理的目的是提升门店的营业额、提高会员客单价、服务好每一个会员，放缓开发新会员的脚步，以维护好老会员作为核心的战略选择。这里需要明确一个导向问题，是以产品为导向，还是以服务为导向。笔者认为，是以"服务+产品"的方式，以服务来匹配产品，站在患者的角度考虑，我能为患者做什么，而不是患者需要什么，提前为患者考虑。

门店做好会员管理的三要：顾客教育要持之以恒，产品推荐要合理对症，沟通服务要专业耐心。因此，稳定和维护会员就显得非常重要。门店的活动尽可能丰富，不同的品类、不同的疾病、不同的人群做不同的活动，也可以针对单品种来构建健康管理中心，给患者提供专业的产品知识和疾病服务，传递药品特有的价值。对门店的会员进行深耕，也可以从健康体重管理中心开始，门店不仅仅给路人提供一个测体重的场所，还通过测体重吸引顾客进店了解关于健康的知识、关于疾病预防的手段，从一个很小的点开始做，是由点到面、从少到多的一个积累的过程。

药企作为慢病管理的解决方案提供商，资源互通互联，通过专业人士来做，或者借助信息系统来管理患者。**药企要成为医生的好帮手、患者的私人医生、药店的宣传员、药品的讲解员**。坚持走专业化学术推广之路，将慢病管理中一直存在的患者依存性差、如何解决患者续方的问题作为首要工作，笔者总结的做会员管理的四个原则如下：

（1）**科学定位**。追求高客单价的利益导向转换为留住患者的服务导向。

（2）**高效运营**。借助科技手段，包括线上教育和借助第三方机构来运作。

（3）**专业服务**。生产企业制定信息化方案，零售药店增加专业技术人员，共同对患者提供专业化的医疗服务。

（4）**循证研究**。通过循证医学的证据，借助学术论文，或者通过实验数据来证明，形成铁定成真的统计学数据。

在会员管理中，目前比较流行的一个词语是会员黏性，至于如何提高会员的黏性，是大家都比较头疼的问题。那么，我认为首先是要真的关心会员，尤其是老年人，让老年人感受到药店工作人员的真心关怀，定期通过电话回访嘘寒问暖。让老年人觉得你心里在想着他（她），当他们有需求的时候自然会想到你。服务是看不见的、是需要持续的、用心的来维护的，主要是提醒患者及时服药、及时购买、及时检查。顾客满意（回头客）比产生了多少销售更重要，老年人去药店可能只是顺路去逛逛，不一定每次都要有销售产生。对于需要长期做好会员管理的药店来说，可以设置慢性病生活馆（糖尿病、心脑血管疾病等），组织各类专属活动（孕妇学院、塑身学院等）。

慢病会员专业服务管理，以骨质疏松症会员为例：患者第一次来访时，提供用药的指导；一周后，提醒按时用药；第二周，提供饮食指导+提醒按时服药+推荐钙片；第四周，提供避免跌倒指导+提醒按时用药；第六周，提供用药注意事项+提醒按时用药；第八周，提醒回来重复拿药+做疗效评估。整个流程是：提醒按时服药，持续提醒生活与饮食习性的改进，持续提醒用药注意事项，提醒回去重复看诊与重复拿药，并综合评估患者疗效与提升生活质量。慢病会员管理是以服务为先导，以帮助患者减轻病痛为宗旨，正所谓利他才能利己。因此，深耕会员比拼命降价吸引新顾客好。对于处方药来说，需要进一步利用好会员管理，从关心患者的病症入手，药店需要建立自己的会员管理系统，定期提醒患者复查、按时服药等细致入微的服务，也可以通过和药企合作，建立起专业的会员管理服务平台。

第三节　运营措施

一、退换货管理

退货管理包括退货，换货，破损、滞销产品的处理。随着"两票制"在全国范围内的落地，许多药企改变了以往的销售管理模式。尤其是做招商的药企，以往都是药企不处理退换货，也就是所有从药企发出去的药品，药企都不接受任何形式的退货，除非有质量原因引起的退货，药企才给处理。对于药企的销售人员，不论是招商人员还是专业的商务人员，在面对经销商提出的退换货要求时手足无措，因为许多药企没有明确处理类似事情的规定。那么，在"两票制"以后，药企以往的这种处理退换货的方式就需要做出相应的调整。

第一，为了加快退换货的处理速度，药企可以同意处理经销商在规定时间内的退货和换货，比如因物流原因造成的破损应当由物流公司承担，医院或者其他市场原因造成的退货，规定在三个月内允许调换，由药厂承担责任。

第二,超过规定时间的退货,销售人员应当按照不同的比例承担一定的处罚,比如目标医院的退货,应当由医药代表承担相应的责任,药店的责任则由 KA 的销售代表承担,根据不同的客户类型区分相对应的责任人。笔者觉得销售人员的责任应当不超过货值的 20% 为宜。少了,药企承担的责任太大,销售人员不会引起重视;多了,则影响销售人员的收入和工作积极性。本来不是销售人员主观的责任,主要是市场中其他原因导致的,通过承担一定的处罚责任可以让销售人员督促各销售环节加快退换货的处理速度。

第三,对于近效期半年内的产品,药厂可以拒绝承担退换货的责任,由医药公司自己承担。一般经销商在物流出库的时候都坚持先进先出的原则,但是也不排除管理不善的情况,通过该情况可以督促经销商和销售人员定期关注库存情况、及时处理、责任明确、权力清楚。

针剂容易在物流运输过程中破损,胶囊和片剂类的药品则容易出现挤压,由于 GSP 管理的需要,挤压的药品不允许销售,再者患者也不愿意接受,所以造成退货的原因大多数是破损和挤压。对于换货而言,不同公司应当有相应的制度,有的公司是对于退货的药品进行原产品换货,有的公司是在财务对账中直接核减账务,其本质没有太大差异,仅仅是处理方式不同而已。针对退货和换货,药企需要制定相应的管理制度,随着该类事件发生的频率增加,给转型期的销售人员,尤其是商务人员带来了困惑。既然是商务人员发的货,就应当承担相应的责任,但是不能和以前一样全部由商务人员承担,企业应当主动考虑市场需要和商务人员的困难。

前面提到的铺货,在广覆盖的过程中,如果出现了退货怎么处理?也就是出现了滞销怎么办?由于处方药的特殊性,药品的需求是由患者和医生决定的,因此存在某个产品铺货后没有产生销售的情况。那么,在铺货之前,就需要和相关的经销商或者连锁药店签好协议,明确滞销药品的处理。一般情况下,建议三个月不动销的处方药由连锁内部进行优先调换到动销情况好的门店,如果真出现了滞销需要退货的情况,药厂则要接受。销售人员及时督促相关客户尽早处理,及时调换到销售情况良好的终端,避免出现不必要的误会,甚至产品临近效期才处理的情况。

二、保持合理库存

合理库存是指医药批发企业保持与正常经营相适应的,具有先进性和可行性的药品的库存量。批发企业的库存不能过大或过小。大了占压资金,不利于改善经营管理;小了品种不全、数量不足、容易脱销。在正常情况下,库存与销售(供应)总额大体有着一定的比例。按照这种比例确定的平均库存量就是合理库存。**合理库存原则的中心是"合理",要使药品库存的数量既能保证销售活动的需要,又能避免库存积压而保持药品周转的连续性。**对经营季节性强的药品,在进货时要掌握"迎季进货,季中补充,季末销光"的原则,以求库存药品结构和数量合理。

对于渠道建设来说,保持合理库存是一个技术活。为什么这样说呢?因为只有当销售人员对市场销售预测八九不离十的时候,才能保证经销商的库存水平在一个合理的范围。这里对**合理库存的定义是:经销商的库存既能保证终端的正常销售,且不容易出现断货情况,又不会给经销商造成很大的库存占压而带来资金的压力。**保持较大量的库存还是比较容易的,但是既能满足市场销售的需要,又不会给经销商带来很大的库存压力,这确实不好控制,不仅要摸透市场规律,还要判断出市场快速增长或者销售下滑的征兆,提前做好安排。

目前常见的是1.5倍安全库存法则如下:

(1)上周期的实际销量=上期存货量+上期进货量-本期存货量。

(2)客户的安全库存量≥客户在上一个拜访周期内的实际销量(为了确保不断货且不积压库存,一般以安全库存量等于一个拜访周期客户实际销量的1.5倍为标准)。

（3）客户的进货量＝安全库存数－现有库存量。即：合理进货量＝[（上期库存量+上期进货量）－本期库存量]×1.5倍－本期库存量。

在经营过程中，造成压货、断货的原因很多，但由于库存管理不善而引发的压货、断货是最无谓的"牺牲"。如果能够规范制度、加强管理，那么这种损失是可以避免或者降低的。

季节性因素根据产品的特性来决定，也和人们日常的消费习惯有关系。中国人一般在春节期间不去看病就医，认为不吉利，所以在春节之前会有一个销售的高峰期。但是在实际的销售过程中，对于销量大的药品，经销商不需要保证1.5倍的库存，一般保证本次发货前一个月的销量即可。不同市场需要根据物流的在途天数做好控制，以山东某药厂为例，对于华东地区的市场而言，保持一周的库存就基本能够满足市场销售的需要，中原地区则需要保证10天的库存，西部和东北相对偏远地区的经销商需要保证半个月以上的库存。

三、工作流程的管理

流程化的概念是在20世纪90年代由美国学者迈克尔·哈默提出的企业流程再造，是指对组织的作业流程进行根本的再思考和彻底的再设计，以求在成本、质量、服务和速度等方面取得显著改善，使企业适应以客户、竞争、变化为特征的现代企业经营环境。随着多年的发展，如今已经形成了企业流程优化的4A模型，分析（Analysis）、改进（Amelioration）、实施（Actualization）、评估（Appraisement），以此来帮助企业适应新的环境和新的发展。由此可见，流程化管理的主要目的是帮助企业适应不断变化的市场环境。

工作流程是指企业内部发生的某项业务从起始到完成，由多个部门、多个岗位、经多个环节协调及顺序工作共同完成的完整过程。简单地讲，工作流程就是一组输入转化为输出的过程，工作流程是工作效率的源泉。管理学界认为，流程决定效率，流程影响效益。好的工作流程能够使企业各项业务管理工作良性开展，从而保证企业的高效运转。相反，差的工作流程则会问题频出，出现部门间、人员间职责不清、相互推诿等现象，从而造成资源浪费和效率低下。工作流程要注意任务流向、任务交接、推动力量三要素。任务流向：指明任务的传递方向和次序；任务交接：指明任务交接标准与过程；推动力量：指明流程内在协调与控制机制。一个优化的制度应当具有自我能动实施的动力和手段，而工作流程是这种动力和手段的主要来源。因此，设计、建立科学、严谨的工作流程并保持这些流程得到有效执行、控制和管理，对一个企业、一个单位或部门至关重要。

无规矩不成方圆，无制度不成企业，无流程不成工作，一个好的流程设计可以有效地提高日常工作的效率，建立流程应当明确各环节的关键点和责任人。 具体流程：协议签订的流程、权限设置的审批流程、合同签订的流程、学术推广活动的组织流程、退换货的处理流程、特殊事项的应急处理流程、招投标流程。通过流程化的管理手段，使得企业的日常管理精细化，有章可依、有规可循，指导员工有效地按照事先设计好的流程来工作。同时，一个好的流程设计有利于放权与授权，本质上把高层领导从繁杂的工作中解放出来，也能够有力地调动中层管理者的积极性，使得权利与责任共担。

在处理相关工作的时候，审批的流程从市场销售人员发起，到相关部门协同，再到各部门领导审批决策，借助 ERP 或者信息系统手段，当下移动办公已经成为快速解决问题的有效手段，随时随地都可以解决工作问题。同时，通过信息技术手段也可以及时对不同流程做出相应的提醒，可以分为加急、一般、正常等不同级别，根据不同级别给相关审批人不同频率的短信提醒，加急的多长时间提醒一次，一般的则不需要催促审批人抓紧时间审批。在实际工作中，一定要将业务流和审批流相匹配，借助信息技术的手段来设置不同的业务类型和审批路径。与此同时，可以根据不同的业务类型设置不同的审批权限。再者，设置管理审批中的 AB 角，根据不同的审批类型，当主要领导不能及时审批时，可以指定另一个领导进行审批。当然，不同企业的管理风格不同，不同的业务类型和制度规范一旦设置恰当，非常有利于上级的授权。曾几何时，很多企业认为用 ERP（Enterprise Resource Planning，企业资源计划）可以使企业的管理上一个台阶，与国际接轨，实现信息化和全流程的监控。但是因为部分企业的急功近利和不符合企业的实际情况，导致出现了"不上 ERP 等死，上了 ERP 找死"的局面。任何时候，企业需要根据自身的实际需要来匹配不同的策略，实施 ERP 本身就是对企业的一次变革，难以改变的是以往的思维方式和工作习惯。因此，通过流程和信息化的手段做到对市场变化的快速应对。

四、多渠道的销售方式

对于处方药零售市场而言，核心是采取深度分销体系的方式，该体系的构建是一个长期持续的过程，不能一蹴而就，短期内不一定有效果，需要持续不断地关注和跟进。如同做医生的学术推广工作，医生学术观念的转变需要一定的时间，这就需要一个持续关注和维护的过程。患者的思维习惯也需要时间来适应这种市场结构的变化和调整。小企业要"活过来"，快是第一位，好是第二位；中等企业要"活下去"，从又快又好过渡到又好又快；大型企业要"活得好"，好是第一位，快是第二位。根据自身的实际情况选择适合自己的深度分销策略，做还是不做，都需要一个从无到有、从小到大的培育市场的过程。

采取多渠道的策略，对于以往仅仅针对医院渠道的招商模式和零售渠道控销模式而言，一味地限制会打乱市场体系的生态链环境，市场竞争时代呼吁全方面满足市场的需要。远程诊疗医院的推进，药店＋诊所模式的发展都是对零售市场新的发展提出的新的机遇。多渠道策略的施行，也是互联网技术迅猛发展趋势下的一项重大变革，互联网＋概念的提出，现代物流和电子商务的快速发展，以及物联网的发展，都将对未来医药渠道格局做出新的改变。比如天猫医药馆、中国医药集团的国药网，都将对全国的医药零售市场产生长远的影响。

多渠道的组合策略是根据产品的特性和公司的战略方向来定，传统的二甲以上医院渠道、连锁药店渠道、县级市场渠道、民营医院渠道、DTP药房渠道、社区卫生服务站和乡镇卫生院渠道，不同的渠道需要采取不同的组合策略，产品的选择和定价体系，以及促销策略都不同。比如治疗血液病和肿瘤的药品则首先选择在DTP药房销售。故步自封只会让企业落后于时代的发展，未来在渠道中的市场竞争不仅仅是硬实力的竞争、产品品质的竞争，更是软实力的竞争，是体现企业综合实力和应变能力的竞争。

第四节　保障手段

一个好的深度分销体系如何顺利推进，需要公司采用相关的保障措施，尤其体现在四个方面：完善的财务管理措施，苛刻的质量管理、用制度管人而不是用人情管人、良好的公共关系管理。

一、财务管理

在医药市场变革之际，财务管理首先要确保公司的资金安全。一定要处理好呆账、坏账，最大限度地降低财务风险。同时要做好资信控制，结合销售代表反馈的资信反馈表，定期跟进经销商的财务情况、可能存在的经营风险，尤其需要建立针对 GSP 飞行检查相应的 24 小时快速报告制度。加强对经销商的管理，财务管理手段主要包括账龄分析、定期对账、信用管理、赊销管理等多方位的管理。在商业分销渠道的各个环节，随着渠道广度和密度的提高，以及渠道扁平化的延伸，确保公司的资金安全成为药企的核心。务必加强财务的干预和控制，用财务管理的手段提高分销渠道的效率，控制渠道的运行风险，提高企业的资金安全。通过财务方面相关指标和数据的分析，也可以预警市场中可能出现的问题。

在财务管理方面，正大天晴公司在医药行业里处于领先地位，截至2016年12月31日，45～60天的应收账款余额为80万元，占应收账款账龄统计表的比例为0.2%，几乎接近于零，应收账款全部控制在45天以内，将应收账款的风险几乎降为零。一个年销售额达到百亿集团的企业能够将应收账款的风险控制在45天以内，可谓是难能可贵的，不仅减少了坏账、呆账、烂账，还极大地保证了公司有充足的现金流。当然，这些成绩的取得，得益于分管商业渠道的总经理的英明领导，他将外企先进的管理经验成功地融入正大天晴。采取资信控制、承兑额度控制、折扣返利政策控制等措施，以及对账函的及时处理、不定期地评估合作经销商的资质，明确超资信客户对应销售代表的处罚责任、库存金额的控制和库存周转天数的监控、应收账款周转天数的评估等。通过多维度、全方面的财务组合管理手段，保证了正大天晴的资金安全，为公司的健康持续发展奠定了基础。

建议药企设立两个财务管理部门，第一个部门是专门针对外部的，主要是对经销商的合同管理、资信控制、承兑管理、货款收付、货款结算、协议的执行和协议条款的落实、协议激励政策的兑现，以及出库时发票的开具等多方面的处理和协调。保证和合作一级经销商之间的顺畅沟通，在出现问题时及时反馈和处理。鼓励药企建立B2C合同订单管理平台，一级经销商通过网上平台下订单，利用B2C的订单平台，通过信息技术手段提高销售代表的工作效率。

第二个财务部门是专门针对内部人员的财务管理，负责工资和奖金的核算、考勤的计算、市场推广活动、培训活动、促销活动等，以及相关报销的处理。优先考虑采取信息化的手段，对销售费用采取线上填写、线上报销的方式，在加快市场活动中销售人员的资金周转的同时，提高报销的效率，避免代表在推广活动中垫资过大造成不必要的麻烦。

同时也可以借助微信等信息技术手段,逐步减少纸质票据,利用信息化的手段提高工作效率。在医药行业,经过多方了解,对员工的工资和奖金的及时发放,以及各种市场报销费用的处理速度越快,越有利于提高销售代表的工作积极性,建议药企次月处理完上个月的费用核算。

另外,引入费用预算管理机制,各级部门要在上一年的11月之前完成下一年度的财务预算,包括费用预算、销售预算、人员预算等。在费用管理过程中,年度预算和季度预算要先做,是大的框架性的预算。针对市场活动做好月度预算、本月月底之前完成下个月的费用预算,通过月度预算管控市场活动,在月中进行事中控制,次月进行月度分析追踪费用的投入产出比,为下一步营销活动提出指导方案。另外,不同公司采取的费用管理模式不同,是选择费用预算,费用包干,还是费用管控,应当因地制宜,不同的公司战略匹配不同的销售政策和费用政策。其核心目的是一样的,都是为了**用最小的销售费用资源带来最大的销售业绩**。

二、质量管理

未来医药市场的竞争将更加激烈,对药品的品质要求更加严格,马上执行的仿制药一致性评价,会将很多质量把控不严的药品生产企业拒之门外。以正大天晴对质量的苛刻要求为例,比如甘草酸二胺注射液/胶囊(商品名:甘利欣)这个原研药品,从1997年上市,至今没有出现过一次医疗事故,同时甘草酸二胺注射液/胶囊的质量标准超过国家标准。我曾经听一个培训老师说进口产品和国产药品的疗效区别主要是产品中纯度的区别,甘草酸二胺注射液所使用的蒸馏水经过19次蒸馏,而国家标准没有要求,只有对杂质的要求,后来的仿制品蒸馏3次就能够符合国家标准。这样的产品,用到患者身上的疗效能一样吗?

质量管理(quality management)是指确定质量方针、目标和职责,并通过质量体系中的质量策划、质量控制、质量保证和质量改进来使其实现所有管理职能的全部活动。

由于环境污染等原因,未来中国的癌症患者将持续增加,更加需要研发高质量的产品来为患者减轻病痛。除了在硬件方面投入大量资金外,如何在生产管理方面下足功夫。制定严格的生产管理制度和先进的生产管理体系,做好偏差管理、风险管理及配备先进仪器等。医药行业是高科技行业,唯有先进的技术,配套研发出先进的产品,才能在市场竞争中处于不败地位,急患者之所急,想患者之所想,为人类的健康提供更高品质的药品是每个良心药企的必然选择。

处方药零售这样做

第七章 渠道控制

作为药企的销售人员,你曾经是否因为窜货而深受其害,是否因为经销商的不配合而困惑过,是否因为不知道如何控制渠道而苦恼过?那么,你是否思考过渠道的本质所在?对于渠道而言,它是有生命力的,也是需要用心去经营和维护的,其关键是如何掌握这个关键。需要控制渠道的各个环节,也需要管控零售终端,不能让药品流量、流向、流速处于无序的状态。

第七章
渠道控制

第一节　渠道控制的背景

我国医药流通行业正处于一个快速发展的阶段，以往流通行业的特征是企业小而分散、产业集中度低。2012年商务部统计的医药批发企业1.39万家；盈利能力与盈利模式薄弱，仅仅承担着配送功能；药品流通模式单一，配送的只做配送，代理的只做代理，甚至托管医院的公司只做一两家医院业务。同时，我国的医药流通行业经过多年的整顿以后，已经改变了原来的小、散、乱的局面，目前百强流通药企占整个流通行业70%的市场份额，规模化的效应已经显现，形成了"全国龙头＋地方割据"的行业竞争格局。国家医药流通"十二五"规划中明确提出，要形成1~3个过千亿企业，20个过百亿企业。从行业现状来看，全国性的龙头已基本形成，格局较为稳定。**医药流通行业发展的总体趋势是区域集团化、集中化、规模化，**尤其是两票制的全面铺开，加上金税三期等一系列的合规要求背景下，未来中小型的民营企业将逐步兼并甚至消失。

商品流通的一般渠道可分为两个环节：一是批发环节；二是零售环节。 药品市场的流通渠道，是由药厂通过批发商销售给零售终端的。其中，医院的门诊药房作为特殊的、具有垄断地位的零售环节，占据80%以上的药品零售市场份额，这也是分级诊疗和医药分家改革的核心。经过多年的发展，**中国药品批发企业的数量不断减少，医药流通企业规模不断壮大，市场集中度不断提高。** 未来医药流通行业的渠道特征是扁平化，核心是营销组织的层级逐渐减少，使营销决策更加直接、迅速、灵活，尤其是借助计算机网络等现代技术，努力使营销渠道缩短、营销人员减少，给处方药的零售带来了更多的市场机遇。

在此情况下，处方药零售在渠道管控层面减轻了药企的压力，这种流通行业的发展现状和趋势更利于开展处方药的零售，全国性的医药集团和区域医药龙头几乎能够将渠道网络延伸到处方药零售市场需要拓展的终端市场，解决了以往渠道网络渗透能力不足的问题，可以说这是最好的时候。如果"两票制"在全国范围内完全执行，流通行业渠道网络的渗透完成了90%以上终端市场的网络覆盖。

我们再来了解一下近几年我国医药行业的销售数据。

第一，近几年我国医药行业工业总产值增长情况如图7-1所示。

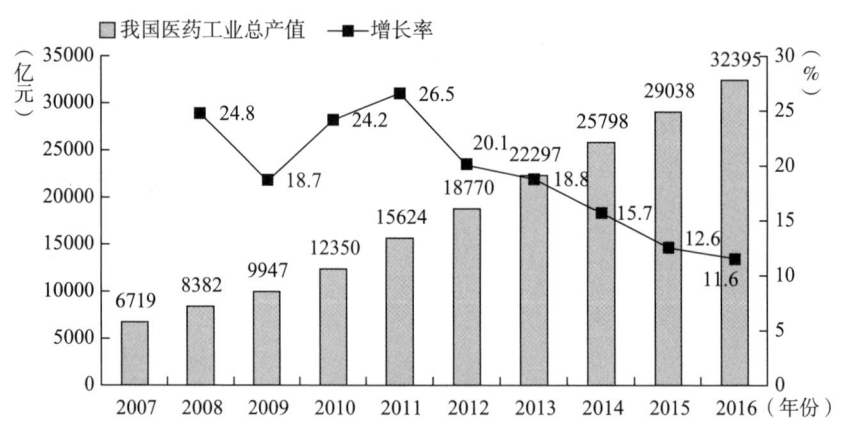

图7-1 近几年我国医药行业工业总产值增长情况分析

资料来源：根据"中国产业信息网"2016年1月份发布的信息整理【54】

从图7-1可以看出,医药工业总产值十年来从2007年的不足7000亿元,达到了2016年的32395亿元,整整翻了4.8倍,行业规模稳步扩大,同比2015年增长率是11.6%,增幅比2014年下降了1%,创近十年的历史新低。

第二,医药终端市场规模分析。

根据中国医药商业行业研究报告医药终端市场规模分析,终端市场规模从2007年的4000亿元规模逐年增大,增长到了2016年的15000亿元,整整翻了近4倍,但是增速逐年放缓,近两年增速已经跌到了个位数。

第二节　为什么要控制渠道

一、认识渠道控制

对于医药流通行业来讲，窜货一直是一个焦点问题。究其原因，主要是由于各省招标价的差异造成的。从福建三明模式和浙江招标开始，各省之间的招标价格差异巨大，加上信息化程度的提高，网上药店的放开，使得整个流通领域对于价格的敏感性日益提高，这就给现阶段药企控制窜货带来了新的难度。

窜货，又称为倒货、冲货，是指由于经销网络中的各级代理商、经销商、医药公司等受利益的驱动，使所经销的药品跨区域销售，造成价格混乱，从而使其他经销商对某些药品的销售失去信心，消费者对品牌**失去信任的营销现象**。窜货分为恶意窜货和自然性窜货。自然性窜货更多地表现为地域原因，比如湖南山区和江西山区交界的县区之间的终端为了保证销售，湖南的某几个药店从江西进货属于正常的商业流通，不会对整个销售造成过多的不良影响。这里重点分析恶意窜货，恶意窜货涉及的数量和金额较大，经销商为了获得更多的利益，不择手段地进行跨地区销售。恶意窜货的原因分析如下：

1. 任务量原因

药企销售人员在面临销售压力的情况下，不顾经销商的实力，一味地为了完成销售指标，给经销商施加过重的任务量，并实行高任务量、高奖励的销售策略，导致经销商通过窜货来完成任务量和拿到销售奖励。在行业中不乏听到某某药企对于某些经销商压货的情况，使得年底的库存量可以满足未来半年的销售，此情况间接地助长了窜货。

2. 返利原因

药企为了提高经销商的积极性，在销售政策中设定各种形式的返利激励政策，且大多是以销量为导向的阶梯式返利政策，即返利与销量直接挂钩，销量越大，返利就越高。于是，经销商为了获得更多的返利，不惜一切代价，以做销量为根本，不择手段地向外区域窜货（通常是把跨省销售认定为窜货），以此来达到提升销量的目的。

3. 价差原因

由于处方药的招标原因，导致不同省份之间的价格差异较大，给经销商和药企的销售人员带来了巨大的利益诱惑。加上目前物流的快速发展，快递的快速性和便利性，给窜货带来的机会成本非常低。

处方药造成价差的主要原因是招标，还有就是经销商为了获得更多的返利，通过降价窜货来完成销售形成的价格差；药企销售人员为了完成销售指标，人为地把促销支持和一些费用补贴变成差价补贴给经销商；经销商低价处理库存积压药品；经销商出于商业目的，打压竞争对手，销售时故意压价等。

4. 控制乏力原因

当药企对经销商的管控能力很弱时，就会发生经销商之间通过价格战来争夺市场的情况。药企对市场价格已经失去控制，任由经销商比拼价格，经销商不去开发新市场，仅仅是在现有市场中对同一个或某几个客户打价格战。尤其是多见于招商的药企，药企把所有的利润全部让给了经销商，但是经销商又没有按照药企的要求执行，于是就出现了经销商恶意杀价，药企只能看着却没有办法的情况，最终的结果是经销商的积极性备受打击，药企的药品销量也一直停滞不前。

5. 市场竞争原因

处方药在某些情况下属于畅销产品，尤其是处方量较大的药品，经销商不是以通过经营该药品来获取利润为主要目的，而是以经营某个知名药品来占领市场，获得更多的客户。靠这类品牌药品来搭配其他的高毛利产品来赢得终端客户的信赖，或者是把这类药品作为融资手段，通过窜货来套现，将资金投入其他经营活动中。

6. 库存积压产品原因

库存积压，顾名思义，是由于动销率过差造成的，也有可能是因为降价等原因造成的。当经销商面临频繁的招标降价时，如果药企不能及时地处理库存，就会打击经销商的积极性，经销商为了减少损失，只能通过低价格抛售来处理库存。当经销商经营出现问题或与药企中止合作后，会不计后果地跨区低价抛售，短期内会严重影响其他地区经销商的经营，控制难度也非常大。

二、窜货的危害

医药营销就是将药品送到患者手中的过程，因为任何一个患者几乎不可能直接从药厂购买药品。**营销策略中的渠道就好比人体的血脉**，如果医药流通渠道失控，其严重性就如同人的血脉被切断一样；**价格就是维持血液正常流通的血液因子**，药品从营销的心脏——药厂沿血脉输送到终端，一旦价格出现混乱，就会导致连锁反应。除正常的自然性窜货外，恶意窜货的危害如下：

1. 经销商对药品品牌失去信心

经销商对处方药产品的品牌信心源于等级医院良好的销售基础和销售团队的管控，以及终端市场对药品无可替代的选择。当价格出现混乱、窜货横行的时候，会极大地打击经销商的积极性，会间接地促使经销商放弃经营该药品，或者经销商寻求更多的替代药品，最终会影响药品的销售。

2. 消费者对药品品牌失去信心

消费者对品牌的信心来自良好的品牌形象和规范的价格体系，药品不同于普通的商品，患者在基于对医生处方药信赖的基础上，对某个药品的品牌信赖程度非常高，如果患者一旦发现在零售市场的价格悬殊，则会怀疑药品的质量。笔者就曾碰到过因为招标降价，患者拿着盒子到药店反复确认价格的情况，甚至到医院去咨询医生药品的质量问题。药店反复解释原因，讲清楚是因为招标、政策原因降价的，以及加上医生的合理解释，这才打消了患者的疑虑。所以，处方药的渠道管控非常重要，尤其是价格的管控，尽量使终端的零售价控制在一个比较合理的区间，同一个地区的价格差距不能过大，如果价格差距过大，患者会对药品品牌失去信心。

3. 损害品牌形象

当今时代是一个品牌制胜的时代，对于吸客的处方药品牌产品，患者对药品指名购买的前提是信任品牌。由于窜货导致的价格混乱会直接损害品牌形象，一旦品牌形象不足以支撑患者的购买信心，则会对企业的品牌经营带来消极影响。所以，窜货的管控应该引起药企的高度重视。

第三节　如何控制窜货

一、治理窜货的手段

窜货的危害对于渠道的生命力是致命的，**窜货的发生需要具备三个条件：窜货主体（经销商）、环境（销售环境）、诱因（窜货的利益驱动）**。所以，要想从根源上解决窜货问题，就必须从以下三点入手。

1. 选择好经销商

在制定、调整和执行销售策略时，要明确的原则是避免窜货主体（经销商）的增加和减少。如果某个区域原来仅有 1 家经销商，现在增加到 3 家，事先是否和原来的经销商做好沟通，要严格控制增加经销商的数量，提高合作的门槛，不能按照药企要求做好配合的经销商要慎重增加。增加经销商就意味着增加了管理的难度，因此选择好经销商很重要。要求药企合理制定并详细考察经销商的资信和职业操守，除了从经销的规模、销售体系、发展历史考察外，还要考察经销商的品德和财务状况，防止有窜货记录的经销商混入销售渠道。

2. 创造良好的销售环境

药企应建立一套市场调查预测系统，通过准确的市场调研，收集尽可能多的市场信息，通过预警系统评判某个区域的销量增长是否在合理的区间。合理划分销售区域，保证每一个区域内经销商的密度合理，防止整体竞争激烈，产品供过于求而引起窜货。不配合药厂管控渠道的经销商坚决不合作，清理出局，留下能够按照药企要求共同拓展零售市场的经销商。

3. 制定完善的销售政策

在经销商的计算机系统中设置允许销售的范围，比如限销省外、限销公司、连锁专供、诊所专供等，根据各自的实际需求来设定；完善价格管控体系，药企还要监控价格体系的执行情况，制定对违反价格政策行为的处理办法；由于频繁地招标降价，需要药企及时地做好动态的价格体系设置；制定完善的促销政策、合理的促销目标、适度的奖励措施、严格的奖惩措施、完善的返利政策等。因此，完善的营销政策可以从根本上杜绝窜货。

二、采取有效的预防策略

1. 制定合理的奖惩措施

对窜货行为的惩罚进行量化，药企可采取警告、扣除当笔窜货的返利、取消相应业务的优惠政策、罚款、取消当年返利、停止供货和取消经销权等惩罚方式。同时，奖励举报窜货的经销商，调动大家共同防范窜货的积极性。

2. 建立监督管理体系

监督应该作为药企的管理制度之一，并成立专门的机构，比如市场稽查部，由专门人员明察暗访经销商是否窜货。在各个区域市场进行产品监察，了解各经销商的进货来源、进货价格、库存量、销量、销售价格等，随时向企业报告。一旦发生窜货，市场稽查部可以发现异常，企业能够在最短的时间对窜货做出反应。

3. 培养和提高经销商的忠诚度

随着医药行业的持续发展，药品的差异越来越小，服务之争成为营销竞争的新亮点。完善周到的售后服务可以增进企业、经销商与顾客之间的感情，培养经销商对企业的责任感与忠诚度。主要是加强和经销商销售人员的沟通，建议定期举办药企和经销商的业务对接会，对于经销商的销售人员做好培训工作。企业与渠道成员之间良好关系的建立，在一定程度上可以控制窜货，经销商为维系这种已建立好的关系，不会轻易通过窜货来破坏这份感情。

4. 利用技术手段配合管理

利用技术手段配合管理的效果和目的如同在交通路口安装摄像头，利用技术手段弥补营销策略缺陷，建立防窜货平台，适时监视经销商，帮助收集窜货证据。比如华东医药实行的是一个批号专供某一个省份，药企通过批号可以知道是哪个地方的货源。也可以通过电子监管码手段控制，通过通信技术和计算机技术，在药品出库、流通到经销渠道各个环节中追踪药品上的编码，监控药品的流动，对窜货现象进行适时的监控。当然，当下最热门的区块链技术如果在条件成熟的情况下应用，就能够很好地监控药品的流向。

5. 做好窜货的善后工作

由于各省价格差异较大，一旦发生窜货，药企要根据自身战略需要不仅要处罚经销商，还要处罚窜出区域的销售人员。同时，为了防止窜货的扩大，及时阻止继续窜货，责令窜货经销商停止窜货，并要求窜货的经销商回收所窜货物，制裁窜货经销商。根据不同情况可采取的惩罚方式：没收保证金、取消季度返点奖励、取消年终返点奖励，直至取消经销资格；安抚被窜货经销商，当窜货发生时，企业或者被窜货经销商收购窜货药品，防止窜货冲击当地的价格体系，同时给予被窜货经销商适当的补偿，以缓解其不满情绪。

三、准销制度

对渠道的管控一定要控制在销售团队手中,根据以往的工作经验,控制好渠道要坚持四个"定"。

1. 定区域

指定某一家经销商允许销售的区域,根据不同的市场情况,对于定区域的概念不同,大多数是指不能跨出本省销售,也就是以省为单位来定义区域的概念,也有个别情况是只能在某个地级市销售。

2. 定产品

指定的产品,主要分为三种情况:一是考虑到处方药的特殊性,有些产品是不允许销售的;二是公司发展战略的,部分药品不在零售市场销售;三是可以给不同的经销商销售不同的药品,做到药企对经销商网络和覆盖能力胸中有数,针对不同的经销商匹配不同的药品进行拓展零售市场,不仅有利于管控渠道,还可以通过产品区隔引入竞争机制,更有利于渠道的话语权掌握在药企手中。比如医院市场推广小规格产品,零售市场推广大规格产品。也可以多生产几个包装产品,不同的经销商销售不同规格的药品,比如医院市场中标的是20粒的药品,大型连锁药店销售30粒的药品,小型连锁客户就可以销售10粒的药品,以此来根据不同的市场水平和人均消费水平来定位不同的药品规格。

3. 定客户

根据不同的客户进行分类和评估,结合前面提到的客户分级,仅销售能够配合药企共同拓展零售市场的客户,那些不能够一起配合公司发展的客户是不允许销售的。也需要根据经销商的优势终端来匹配相应的产品,如果是专业做大流通和普药的经销商,就需要对应流通的政策;如果是做新药和DTP药房的经销商,就需要根据客户的实际情况调整产品结构。

4. 定价格

因为处方药各省招标价的差异,在拓展处方药零售市场的过程中,控制好渠道各环节的销售价格至关重要。

如此，通过一定的渠道管控手段，药企把渠道网络掌控在手中，当面临市场变化或者公司战略调整的时候，能够及时地根据不同的市场、不同的客户、不同的产品、制定出符合当时市场实际情况的渠道管控策略。

简单地说，对于指定的产品，要求合作的客户在指定的区域内按照指定的价格销售给允许销售的客户，不允许销售的区域、产品、客户在经销商的计算机系统中标记出来，并且将该项要求写进协议，通过签署合作协议，使得合作的客户都能配合公司管控销售渠道，达到药企和医药批发企业相互合作管控渠道的目的。

第四节　如何管控渠道

一、渠道控制三要素

1. 渠道控制力的大小

渠道控制力就是企业运行和管理渠道的能力，它在很大程度上取决于企业对渠道的运行有多大的话语权和自由支配的能力。企业能对渠道的各个环节进行合理的调整和支配，包括要求经销商执行公司政策、灵活地增减经销商等，如果都可以按照药企的要求完成，它就具有很强的控制力。反之，控制力较差。结合前面提到的招商企业把所有的利润让给经销商的情况，在保证经销商前台毛利的基础上，最优策略是药企留一部分利润，根据经销商的配合程度再给予激励。如果经销商配合度高，则拿到的后台返利高；如果配合度不高，则拿到的后台返利少。

2. 渠道控制的效果

渠道控制的效果主要是指在既定的渠道控制成本和控制模式下，药企通过渠道销售药品和提供服务的能力。它可以从数量和质量上反映渠道的投入产出效果，并通过渠道的市场覆盖率、渠道服务能力、维护成本和影响力等指标来描绘和分析。比如简单地通过销量来衡量渠道控制的效果，在渠道控制以前某个区域月均销售额 10 万元，在渠道控制好以后，销售价格维护在一个范围，提高经销商的毛利水平后，促进经销商销售的积极性，半年以后月均销售额实现了 20 万元。单从销量来看，这次的渠道控制是非常有效的。

3. 渠道控制的效率

渠道控制的效率主要是指渠道控制中的流程运作效率。在现实的渠道流程中，涉及商流、信息流、物流、资金流等的顺畅性，以及运营渠道的维护成本的高低。渠道流程运行效率的高低，除了取决于渠道的结构、功能及市场容量、需求、药品特性和地理等其他环境因素的影响外，还受到渠道控制模式本身及控制模式的影响。在渠道设计中应该考虑到区域商流的习惯性，合理地设计渠道层次关系，减少不合理的物流和价格环节，实现渠道效率基础上的扁平化，达到控制渠道的目的。

渠道控制体现在：新产品导入的速度，新产品上市的时候，渠道控制力强的企业能够在很短的时间内快速地对市场覆盖进行渗透，拿一个新产品来测试在多长时间可以快速地覆盖到终端，则不仅仅是体现了药企的渠道拓展能力，更是体现了药企对渠道覆盖方向的正确把控能力，正常情况下，这个速度以三个月的期限来评估比较合理；渠道的配合度，当药企发生销售政策变革时，各经销商能够支持药企的决定，本着合作共赢的目标共同拓展零售市场；渠道的影响力，任何产品最终还是依靠零售终端销售给患者的，在药企和经销商配合的过程中，如何通过药企的综合实力促进经销商的发展，优势互补，强强联合，品牌药企嫁接当地知名经销商，包括和品牌连锁之间的合作。渠道的渗透度主要体现为以下几个指标：

一是渠道网络的覆盖能力。

二是经销商的合理库存的保证。

三是经销商对药企销售策略的配合度。

四是整个渠道中各经销商之间优势互补、求同存异，共同支持药企的品牌战略和销售策略。

二、管控渠道的方法

在处方药的渠道网络构建过程中，随着医改的深入推进，对大多数医药生产企业所采取的招商代理模式带来巨大的挑战，以九州通为龙头的大型医药集团对终端市场进行更广更深的拓展已经成为常态。渠道网络的延伸已经渗透到乡镇一级，医药流通行业的规模化已形成一定的规模，有利于医药生产药企进行终端的拓展和覆盖工作，药企应当充分地借助经销商的网络资源来拓展市场，也需要借助大型经销商的实力来控制渠道。

一个成熟的渠道网络必然是高效的，如何检查渠道绩效的高低，首先要对渠道的绩效进行评估。在评估之前要确定评估的目标和评估的对象，不能胡子眉毛一把抓，每个渠道成员都去评估，而是需要根据设定好的评估目标进行分析，确定需要评估的内容和采取何种方法进行评估。也可以采取多种渠道评估的指标来进行，比如利润率、资金周转率、存货周转率、资产收益率、市场费用投入/产出比分析、单品市场份额分析、药品周转天数、药品周转次数、销售额分析、销售增长率情况分析、应收账款余额分析等多种因素综合评估。不同的企业根据自身的实际情况所采取的评估方法不同，不同的产品、不同的市场所采取的评估方法不同。

评估渠道绩效的目的是找出现有渠道的问题，如何进行更好地改进，找到更加高效的方法和合作伙伴。首先，应当从渠道的满意度出发，结合财务指标衡量，对渠道绩效的价值进行评估。在评估单个经销商时要衡量它对渠道的贡献度和自身的绩效，不一定所有的经销商都是令行禁止的，其自身的发展状况决定了经销商本身的效率。最直接地体现在其绩效方面，同样的产品、相似的市场、相同的推广政策，不同的经销商在合作过程中会出现不同的结果,这就是经销商自身的绩效所决定的。所以,应当选择那些对自己贡献度和绩效高的经销商来加强合作。

下面举一个成功的渠道管控事例加以说明。

张经理到某省已经一年多了,严格执行价格链之后,全省的零售市场价格控制良好,获得了各级客户的认可。医院二次议价之后,好几个口服的处方药价格下降了一半,重新设定价格链后,张经理还要预防本省已降价的产品流入外省。如何在有巨大价差的情况下,杜绝本省的药品外流呢?张经理与团队、客户进行深入沟通,吸取公司其他省的成功经验,结合本省的情况,制定方案并上交给上级领导,在上级领导及公司的大力支持下,实施以下方案:

(1)筛选客户,选择可以销售降价品种的客户名单,按经销商的窜货危险程度给予足量、定量、少量和不发货的分级管理,由销售代表每天监控药品的销售情况。

(2)分终端供应不同规格的药品,医院供应中标的是小规格药品,零售市场供应大包装的药品。

(3)与医院队伍沟通,进入医院后,标明"××医院专供",医院队伍会加强医院药品管理的沟通。

(4)配合公司对窜货的处罚,从返利、是否发货上给予违规销售处罚。

张经理与团队通过对客户的重新筛选,对客户销售合规进行严格控制。在降价后,价格远低于周边省份的价格的情况下,虽有窜货情况的发生,但是因为监控及时,及时追回货物,未造成恶劣影响。张经理通过对价格链的严格执行、渠道的重新筛选,对市场销售起到良好的影响,得到领导和同事的认可。

第五节　流向管理

一、认识流向

这里所说的**流向，是指药企为了了解药品的销售去向，从各级经销商那里获取的某些药品销售以后生成的销售报表**。这里的流向报表包含三大内容：购进，就是某个医药公司/连锁药店在一定时间内进货的明细；销售，就是该公司/连锁药店在一定时间内的销售明细；库存，就是购进减去销售以后在某个时间点上仓库剩余的数量。

流向作为动态的销售数据，一定要明确流向的报送时间。一般常见的流向报送时间有两种：一种是上月26号到本月25号；另一种是按照正常的自然月报送。不同公司对流向报送的要求不同，这里的报送是指通过各种手段把经销商的流向提交给药企的相关人员。报送要求做到规范化、标准化、流程化。流向的报送方式主要有四种，下面进行分析：

（1）纸质流向。从医药公司业务系统里实时导出的流向报表并打印出来，盖章的纸质版形式的流向。

（2）电子流向。也是从医药公司业务系统里实时导出生成 Excel 电子表格，以邮件方式发送给药企相关接收人的流向。

（3）网上流向。目前国内大型的医药公司都开通了网上流向，通过信息化的手段，对应的医药生产药企的销售人员可以通过登录网址、输入账号和密码的方式进行查询流向，网上流向解决了前面两种流向不能随时查看的问题，也减轻了医药公司工作人员的工作量。

（4）DDI 数据直连。是近几年在外企比较流行的流向数据接收方式，药企通过实时对接经销商，使得生产药企可以动态地实时和医药公司的业务系统连接，随时查看流向的情况。此种方式的真实目的除了快捷外，是防止流向数据造假而提出的。

目前流向的提供方式以网上流向为主，电子流向为辅，纸质流向基本已经处于边缘化的状态。随着信息化的发展，流向数据的 DDI 直连成为未来获取流向数据的发展趋势。

接下来从三个角度了解流向的重要性：

对于公司来说，真实的流向能够真实地反映实际的销售数据，如果在流通环节，客户或者销售人员拼命地压货，也许短期来看，销量很好，可是这种好是假象，不能给公司带来长期持续的增长。药品最终真正的使用者是患者，真实的流向数据应该是最大化地接近实际销售到患者手中的数据。

对于客户来说，积压库存给客户造成了资金压力，导致窜货的发生，虚增了业绩，不利于流通环节市场良性的发展。同时，随着信息技术的日新月异，医药公司通过和医院建立的实时库存对接系统，即常说的院内物流项目，也称为 SPD 管理（医疗 SPD 供应链管理），学者将其定义为（Supply－供给/Processing－分拆加工/Distribution－配送）的技术，是医药公司和医院的实时库存数据直接连接，医药公司能够随时查看医院的药品库存数据，随时查看卖给患者的销售数据，从而及时补足医院的库存，降低医院库存管理的难度，实现医疗单位对于药品的精细化和效率化管理。其实好处远不止于此，它还能够避免医生给患者开具大处方，及时地发现医院销售异常的情况。

对于销售代表来说，**流向是饭碗**，真实地反映了不同销售代表的业绩表现，也可以通过流向来分析某个终端的历史销售情况，从而帮助代表分析市场机会。

总之，对流向报表的收集是销售代表日常工作最重要的部分，严重地说，流向就是销售人员的饭碗。为什么这么说呢？因为只有流向才能确认各级人员的业绩。部分企业的代表存在压货的现象，张三到了某家企业，为了完成季度考核指标、拿到奖金，拼命地压货，结果压货完成了，奖金也拿到了，就离职了，给后来接替这个市场的代表带来巨大的业绩压力。从市场的良性销售角度来说，这种做法是急功近利的，对企业、对客户都是不利的。因此，一定要控制好销售流向，才能及时地发现问题，及早地给予预警或者处理。

1. 流向的要素和意义

（1）**流向的六大要素：产品、规格、批号、数量、日期、往来单位。**

对于流向的六个要素，简单地说，就是什么样的药品（包含药品、规格、批号、计量单位、生产药企，这几个要素统一起来是确定药品的唯一性）在什么时间和哪些单位发生的业务（包含购进单位或者销售单位），数量是多少。通过流向能够明确药品的销售去向，实时掌控药品的覆盖情况，也能够分析出药品在市场中的流动性的好坏，通过流动性的好坏掌握药品的实际销售情况。

（2）**流向的意义：流向是所有销售数据最可靠的源头保障。**

因为所有销售人员的业绩和收入都是靠流向来核算的，也是分析销售现状的凭据。流向的价值和意义：流向数据可以作为数据统计、抽样分析的数据源，包括各咨询公司都可以作为数据源来分析；通过对流向数据生成直观的数据报表，进行深层次的挖掘和分析，给药企的营销决策提供支持；结合前面提到的季度购进终端数，流向能够真实地反映出合作客户的网络覆盖情况；对于产品覆盖和区域覆盖，真正分析的数据来源就是流向数据的比较分析；通过流向数据的分析可以做到定向营销，区别出重点的患者来进行售后跟进；也可以通过流向数据寻找出重点客户、VIP 终端、连锁 KA 门店，从而抓住核心的客户；有利于精细化服务，细分核心终端的表现，细分会员的原始数据；通过流向数据中的价格分析，可以发现客户的销售特性和对药企价格体系的执行程度好坏；最近流行的区块链技术，其实就是使得销售数据的过程可控，动态可追踪。总的来说，核心就是通过流向数据可以分析不同药品的市场表现、不同地区的发展状况、不同终端客户的销售情况，借助流向数据的对比和分析找出药企薄弱的地方，从而发现市场的未来销售机会。

2. 流向的特征

（1）**真实**。所取得的流向一定要真实，严禁弄虚作假。从笔者的工作经验来看，流向就是销售人员的饭碗，你把流向搞假了，业绩虚报、错报、谎报、漏报了，对公司和对自己都是不负责任的，也是违反公司要求的。

（2）**及时**。流向必须是在规定的时间提供的数据，一定要讲究时效性。一般以自然月为单位提供流向，次月提供上个月自然月的流向数据，目前也有企业用的是上个月 26 号到当月 25 号为一个流向统计的月份。不管选择哪种时间提供，都有一个提供流向的截止时间，总不能 8 月的流向，9 月中旬还没有提供，一般以流向统计周期后 7 天作为流向的提交时间。如果无法在流向提供周期后 7 天前报送的，由销售代表说明具体原因、可以提供的时间，由相关领导审批。如果在流向提供月 7 天后修正流向的信息，视为"补丁"流向。

（3）**准确**。要确保流向中数据的准确性，药品不能弄错了，不能把其他药企的数据弄成自己公司的，规格也不能弄错了，一个药品也许有几个规格，不能张冠李戴，数量和日期就更不能弄错了。不要把 2016 年 3 月的流向当作是 2017 年 3 月的来处理，流向的收集工作一定要非常仔细，只有销售代表严谨和认真的工作态度才能确保流向数据的准确。

（4）**完整**。流向的三大内容和流向的六大要素都要齐全，缺一不可，不能有任何的遗漏，尤其是第一次购进和销售的药品最容易出现遗漏的情况，通常把这类药品归类为首营品种。不同公司对流向的要素要求不同，但是该包含的必要要素一定要齐全。

二、如何管控流向

1. 建立流向管理制度

药企应该在公司层面由上到下把流向的管理进行制度化，统一思想、统一认识。比如制定流向管理制度可以参考以下总则：及时、准确、真实、完整地记录、整理、分析和反馈市场销售信息，贯彻执行公司的销售政策，确保公司持续、健康、稳定的发展，并在公司内部营造一个公平、公正的竞争平台，最大限度地激发员工的积极性，特制定本制度。该管理制度的核心是商业流向管理细则。适用范围是：公司各级相关人员。

同时，对于流向数据违规的情形需要制定相应的处罚制度，如流向没有按时提供、流向提供的要素缺失、进销存不成立、进不抵销、流向造假等违反规定的事项，都要明确处罚的规则。对应的违规行为包括但不限于因主观恶意、工作失职、不作为等行为造成的工作差错，对公司造成损失及产生不良影响，有悖于公司健康发展和创造公开、公正、公平的竞争环境的情形都算在内。鼓励各级人员对违规行为自查自纠，适当地减免直接主管经理的责任，对相关责任代表可申请减半处罚。对于违规事实清楚，规定时间内不能提交公司认可的核查结果和整改措施，由上级领导承担责任。

2. 专人管理流向

设立专门的流向管理部门，对全国的销售流向进行收集和分析。商业流向按目标客户分类统计药品的销售业绩，目标客户包括目标医院（自费药房）、目标药店、连锁药店等，根据不同公司的需要，其实质是通过不同客户的销售流向来确认各级销售人员的销售业绩。

做好商业公司的进销存管理，纳入流向管理范围的商业公司，由销售代表填制全部产品进销存信息，并在流向提供周期 7 日前报送公司流向管理部门。对于销售代表报送的药品进销存统计表中进销存关系不成立的，由销售代表在流向报送周期后 20 日前查明原因，销售代表上级领导确认后在公司流向管理部门备案。

如果商业公司渠道信息不完整，出现进不抵销，简单地说，是某个医药公司对于某个药品购进了 20 盒，销售了 21 盒，销的比进的多一定有其他原因存在。因为此情况而导致相关销售人员的业绩无法确认的，由销售代表在流向报送周期后 20 日前查明原因，经上级领导确认后，公司流向管理部门在次月进行调整。

定期抽查流向：通过不定期地对流向数据进行检查，公司的相关部门走访市场，能够有力地避免流向数据出现遗漏，也能够及时地发现问题流向，从而及早地发现问题和解决问题。

3. 流向管理的三个表

在销售代表的日常工作中，需要做好流向的自我管控工作，主要从三个表入手：客户档案表、流向汇总表、进销存表。

（1）**客户档案表**。一个公司填写一行，包含的要素有销售人员姓名，客户名称，客户级别，公司所在省、地级市、区/县，详细地址，采购联系人，职务，销售联系人，联系电话等。根据不同公司的实际需要增加不同的列，流向负责人、联系人可以多增加几列，可以增加联系人的兴趣爱好等，还可以增加该客户是否签订协议，是否是重点客户等。

（2）**流向汇总表**。通过电子表格的形式，将销售代表所负责客户所有的流向进行汇总分析，列分别是省/直辖市、地级市、区/县、销售代表/业务员、供货单位、数量、销售日期、客户类别、药品编号、药品名称、价格、金额。比如筛选地级市就可以知道这个地级市的销量，筛选代表和某一个药品就可以知道该销售代表的销售情况。行是不同客户处获取的销售流向的汇总。通过此汇总表，销售代表可以随时分析销售数据，市场中出现问题也能尽早发现。

（3）**进销存表**。进销存表是对某个商业公司的流向数据从购进、销售、库存来核对该公司的真实销售情况，以避免在打印流向时把时间弄错，或者漏了某些药品流向的情况，以及核实有无进不抵销的情形。具体计算过程：某一家商业客户对应的药品编码、负责的代表、客户的级别，以 3 月流向为例，2 月的结存就是 3 月的期初结存（A）+3 月的购进数（B）-3 月的销售数（C）=理论的库存（D），则是 D = A + B - C。由于流向具有时间的动态性，因此，打印流向当天的库存是打印时点的库存（E）+4 月的销售是超期销售（F）-4 月的购进是超期购进（G）=3 月的期末实际结存（H），则 H = E + F - G。如果理论库存等于实际库存，则 3 月当月的进销存关系是成立的。否则，是不成立的。同时，这里要考虑破损、报损、报溢等特殊情况，填在对应项目的其他里面。

总之，在处方药零售市场中，控制好渠道非常重要，这不仅是行业发展的需要，还是零售市场发展的需要，更是处方药药企在拓展零售市场中不可或缺的市场管理手段。本章分析了渠道控制的背景、要控制渠道的原因、控制窜货的方法、管控渠道的做法、如何通过流向管理来管控渠道。

处方药零售这样做

第八章　第二终端的工作策略

2016年，全国药品零售市场整体规模为2466.9亿元，百强药店首次突破1000亿元，占总市场的四成，并继续保持两位数的增长。医药终端集中化、规模化已成定局。随着国家"零差价"、控制"药占比"、医药分家等医改政策的逐步深入，医药零售市场迎来前所未有的机遇，很多医药工业企业纷纷开始重视零售市场，尝试与零售企业有更进一步的合作。传统OTC市场的主战场就是第二终端——药店的市场，对于处方药的零售市场而言，第二终端的市场规模和OTC产品占据的市场份额旗鼓相当。医药生产药企如何做好第二终端，在处方药零售市场深度分销体系中举足轻重？单就某公司零售市场的数据分析来看，目前第二终端的销售额占比已经超过总体零售市场的一半。本章将从针对**第二终端的五个工作策略**展开分析，分别是**覆盖、促销、陈列、培训、客情**。

第八章
第二终端的工作策略

第一节　覆　盖

北京金象大药房总经理宋强对未来工商合作的期待：一是药企更加专业化的指导，结合他们的药师委员会，对药师、骨干人员素质提升进行培训；二是连续的支持，包括集中培训、线上线下培训、跟进的考试等；三是希望跟工业企业一起做患者教育，让患者接受、信任我们，给患者提供专业指导、便利，包括围绕疾病产生的其他便利销售及服务等。

越来越多的连锁药店在寻求专业化的合作，提升连锁药店的服务水平，对于药厂而言，覆盖是第一位的工作。这里的覆盖主要是分析药店的铺货，**铺货是前提，所有第二终端的工作必须在门店里先有货的情况下才能进行。只有将货铺到终端药店，才能产生销售的机会，能够让患者买得到药品才能有销售的可能性**。针对第二终端的覆盖工作具体是让处方药进入更多的门店，以及尽可能多地将处方药进行更广范围的覆盖。**覆盖是解决以点带面的问题，覆盖面不是越少越好，也不是越多越**

好，少了会让患者不容易买到，多了会给药店带来销售压力和库存压力。因此，覆盖的目标是需要保证在一定的市场容量中占有较高的覆盖率。

一、覆盖应遵循的原则

覆盖应遵循以下几个原则：

（1）选择与中高层关系比较好的连锁药店进行铺货，确保覆盖的计划能够执行下去，对于与连锁药店直接发生业务的药企而言，确保回款的安全性。

（2）根据该药店的产品结构和患者的需求程度，给予连锁药店合适的建议。对于处方药而言，分析处方量的大小，能够给药店带来更多的顾客。

（3）新产品首次覆盖的门店数量和单店的覆盖数量不宜过多，应当选择销量好、人流量大的门店覆盖，根据动销情况和患者的接受程度再进行覆盖。

（4）对于新产品来说，一定要做好品种陈列、店员教育、控制好零售价。

（5）在覆盖之前和连锁药店达成协议，对于长期不动销的门店及时退换货，一般以三个月不动销为标准，药企应当出面协调退换货，避免连锁药店库存积压和出现近效期的情况。

二、关于覆盖的两个疑点

第一，对于做 KA 门店的药企而言，既然公司已经在做 KA 门店的维护工作，货都已经铺到位，那么在 KA 门店以外的小型门店还有继续覆盖的必要吗？答案当然是肯定的。首先，了解 KA 的定义：大客户（Key Account/KA）是指对产品（或服务）消费频率高、消费量大、客户利润率高而对企业经营业绩能产生一定影响的要害客户（KA），而除此之外的客户群则可划入中小客户范畴。从此定义可以看出，KA 的客户数量肯定是很少的，目前越来越多的医药生产企业重视连锁KA门店的维护工作。对于大型连锁药店而言，门店数少则几十家，多则几百家，药厂筛选出来的KA门店只能是该连锁药店的重点门店，不可能所有的销售都来源于KA门店。因此，**对于重点做KA门店的药厂而言，一定要做好覆盖工作，扩大门店的覆盖面，方能创造更多的销售机会。**如果能够做到点面结合，则能和连锁药店形成强大的合作网络。同时，**在做好KA门店工作的同时，能够起到以点带面的作用，KA门店能够带动周边的小门店的销售。**

第二，货铺了就一定能产生销售吗？答案是未必，但是，如果不去铺货，你就一定没有销售的机会。对处方药而言，药厂不能清楚地知道哪个区域的患者会去门店购买，一旦患者选择了就近的门店去购买，如果该门店有货，患者就会考虑买不买。但是，如果患者到了该门店以后，该门店没有货，门店店员推荐患者交定金预订某药品的可能性非常小。针对该情况，笔者亲自调查过一些门店，患者等待到货的可能性也很小。如果门店没有把货铺到位，销售的机会非常少。因此，患者能够买到该药品，则达到覆盖的目的，也创造了销售的机会。

在铺货的过程中，药厂要解决滞销的问题。因为大多数连锁门店都是单店考核，在铺货之前需要和连锁总部签订好铺货协议，规定好退换货条款，最好的选择是三个月没有动销就负责调换到销售好的门店，或者是退货到连锁总部。接下来，了解几个相关的公式：

商品动销率计算公式为：商品动销率＝动销品种数÷门店经营总品种数×100%

动销品种数：门店中所有商品种类中有销售的商品种类总数。这个比率是评价门店各种类商品销售情况的指标，在实际操作中，需要了解某一单品的动销情况，一般使用以下计算公式：

商品动销率＝商品累计销售数量÷商品期末库存数量

药厂和连锁门店在合作的过程中，经常提到的动销实际上是连锁门店的周转次数，也就是连锁门店有没有多次反复购进的情况。如果某门店当月进货3次,则该门店的动销水平一定高;如果某门店3个月只进了1次货,则该门店的动销水平一般。动销水平高说明购买的人数多。

三、覆盖的类型

不同阶段、不同药厂采取的覆盖方式不同,目前常见的覆盖类型可以分为以下三类:

(1)区域覆盖,又称为客户覆盖。为什么谈连锁药店的覆盖还要提区域的概念呢?因为对于某个地级市或者某个县级市场来说,也许药厂从来就没有药品在该地区销售,对于不同省份、不同省市的市场,根据企业自身的情况,至少做到区县一级市场无盲点覆盖。这也能够符合**处方药的零售特性,最大限度地满足患者就近购买的需要**。之所以又称为客户覆盖,就是指在某个区域,比如甘肃省陇西县,需要选择2~3家经销商销售药品,因为如果陇西县的患者在省城兰州的三甲医院看病之后,医生开具了某个处方药,尤其是慢性病的处方药,患者想继续服用,至少能够在县城的药店买到该处方药。

(2)产品覆盖,顾名思义,就是增加产品的个数。也就是说,在某个连锁药店目前有一个产品在销售,需要和连锁药店沟通增加几个产品销售。通过产品群可以提升连锁药店对药企的支持力度,也能够形成药厂的品牌效应,或者采取专柜的形式,增加产品覆盖的个数,也可以通过强强联合的形式提高产品的销售机会,新产品要做好产品的覆盖工作。

(3)门店覆盖。根据连锁药店的销售数据分析,如果该连锁药店有300家门店,目前仅有50家门店在销售某产品,覆盖率20%都不到,这就需要跟该连锁药店继续沟通,将门店的覆盖数增加到接近300家,或者先达到60%的覆盖率,成熟产品、处方量大的产品80%以上的覆盖率为宜。当然,不一定是全部门店都覆盖,至少要提高现有的覆盖率。另外,如果你想提高市场占有率,你需要了解同类产品的覆盖情况,根据同类产品的覆盖门店来扩大自己公司产品的门店覆盖数。

（4）流失再覆盖，也是说门店的覆盖数，解决门题的核心是确保门店随时有库存。如果某个药品在某个门店购进了一次之后连续几个月没有再进货，也许是因为患者的流动性较大，且没有养成购买习惯；也许是有的患者在该门店购买了一次之后没有坚持服药了，所以没有产生第二次的销售；也许门店对于处方药的备货意识不足，当患者第二次来购买时，该门店如果没有库存，患者就去其他门店购买。这就需要**药厂对于之前覆盖过的门店进行多次覆盖，称为流失再覆盖，通过反复的多频次的覆盖来提高该药品在门店的市场存货率**。

因此，**处方药零售市场拓展的核心思想是"广撒网，慢慢捞"，需要用时间和空间来改变患者的购买习惯，保证患者在就近的药店能够购买到处方药才是产生销售的第一步**。处方药的零售市场的工作更多的是在做满足患者就近购买需求的工作，区别于OTC产品在门店通过店员的努力可以创造出患者的需求。当然，有时在走访门店的过程中，经常会碰到门店的店员说处方药问的人很少，也能够碰到店员说患者问了某个药品，但是药店老板觉得药贵，公司不经销。显然，将处方药铺到更多的药店会带来更多的销售机会。通过覆盖面改变患者的购买习惯，在某种程度上也可以改变药店店员的销售习惯。

第二节 促 销

在药品的促销过程中，一定要本着以改善患者健康状况为出发点。尤其对于需要长期治疗的慢性病患者，通过促销提高患者单次购买的数量也不失为一种促进患者健康的销售活动。促销活动的形式多种多样，比如座谈会、联谊会、终端庆功会、旅游、药厂参观活动、电影会、知识讲座、订货会、新品发布会、野炊、踏青等。

对于处方药而言，很少采取促销策略，主要依靠高端医院的处方拉动，病人对医生的信赖程度决定了他对所选择的药品的忠诚度。即使有促销，通常采取的是赠送生活必需品的方式，比如洗衣粉、食用油等，让患者在购买药品时顺便获得生活必需品。不管何种促销手段，都只是表象手段，真正能够体现服务水平的手段还是药事服务水平，最终目的是扩大稳定的患者群。

一、改进宣传方式

一直以来，传统的宣传方式就是给会员打电话、发短信告知活动内容；在药店周围覆盖的商圈发放DM单；门店设置播音器，按时段在店内或者店门口播放语音宣传；进行门店布置，做拱门、贴海报等营造门店做活动的气氛。这些宣传方式一直沿用至今，但由于各省市地方城管等职能部门对商铺的监管，很多城市的传统宣传造势形式受到限制。比如在门店布置方面，禁止商铺在店外设立拱门、摆放气球造型、搭建活动平台等。传统的活动宣传方式在全国范围内受到不同程度的打压，寻找宣传突破点已经是药店必然要面对的现实。

目前促销媒介的选择应该重心偏移，借助互联网、微信平台进行宣传。从长远来看，线上宣传途径的优势更为明显：一是节约资本，节省了DM单印刷成本、门店布置物料的费用；二是线上宣传能更加精准地到达目标患者，如果能有效地管理好会员，进行细致的分类管理，向不同的会员发送有针对性的宣传资料，效果就更好了。

通过微信平台做宣传的方式主要有：

第一，在公司官方公众号发送宣传文章。从2014年开始，各大药店积极筹备自己的微信平台，经过两三年的努力。一心堂、漱玉平民大药房等知名药房的微信公众平台都已经有超过几十万的"粉丝"，并且"粉丝"的活跃度很高，公众号主要通过发送健康养生知识来吸引患者保持关注，在推送的文章中穿插商品广告和活动广告。

第二，建立微信群。微信群的种类很多，公司官方的、店员自行建立的等。建立一个微信群非常容易，在里面发送广告也是通知患者的一种方法。店员在日常的工作中吸引患者加微信，将其拉进微信群并不难，重点是微信群的管理。

第三，就是店员与患者成为微信好友，通过在朋友圈发一些宣传文章，让微友互动起来。

另外，可以通过事件营销，策划大型活动。大家熟悉的王老吉和加多宝的红罐之争，受伤的却是和其正。比如由《21世纪药店》、中国药店管理学院联合主办，健民药业集团股份有限公司承办的"健民集团·龙牡杯全国药店POP创意大赛"。作为药店圈选拔并培养POP创意人才的第一品牌赛事，健民集团·龙牡杯POP创意大赛吸引了全国11个省份的数百家药店，影响近万人。大赛通过微信线上上传作品和线下POP训练营培训，历时六个多月的区域赛、半决赛，层层晋级突围，最终从2000多名药店POP手绘精英中角逐出了24名药店圈顶尖POP高手，入围全国总决赛。广药白云山全球首创的"家庭过期药品回收（免费更换）机制"，除了继续在全国200多个城市进行线下家庭过期药品回收外，还联合阿里健康、广药健民网、康爱多、好药师等知名的医药电商，共同开展网上家庭过期药品回收。通过与阿里健康码上放心平台合作，患者可以通过天猫APP扫描药品盒上的药监码，了解药品是否过期等信息，进而参与换药活动。

二、患者教育

慢病管理成为未来讨论的焦点。随着医疗改革的深入推进、药占比的管控、医院处方量的限制，对于医生而言，单个处方可以允许病人带回家服用的慢病药品的剂量几乎都不能超过一个月的用量，这就给处方药的零售市场创造了巨大的市场潜力需求。对于药店而言，这是一个很好的机遇，需要药店给患者提供健康管理和咨询服务，通过患者教育来提高持续购买的依存性。

慢病管理理论属于知识营销的范畴。大家都知道常言说的"富贵病"，就是糖尿病、高血压、高血脂。为什么叫"富贵病"？因为需要长期服药，甚至终身服用，这就使得患者有了巨大的医疗负担，所以称为"富贵病"。其实不仅仅这几类疾病需要长期治疗，还有很多疾病需要按疗程服用，包括肝病、慢阻肺、胃病、痛风等。在日常生活中，病从口入，吃了那么多毒素，锻炼也没跟上，怎么可能两三天就好，严重的肯定需要长期服药，至少按疗程服药。这就需要改变中国人固有的对药品的认识，重点在于对慢性病患者推广按疗程用药的购买习惯，避免患者症状有轻微改善后停止服药的现象，通过患者教育来讲解不坚持服药的危害。

那么，各方如何做好患者教育呢？零售药店利用信息化的手段及时提醒慢性病的患者按时服药、按时检查和按时购买药品。药企也应该针对慢性病患者，一次购买满一个疗程就给予一定的礼品或者折扣奖励。最好是通过一定的教育手段，将慢性病的按疗程服药的观念传达给患者。以 COPD（慢性阻塞性肺病）为例，很多患者只要症状得到控制，就会自行停药，导致依从性差。其实该疾病如果不长期服药，停药以后复发的概率很高，也会加重二次感染，中途停药以后的风险非常大。因此，药企和药店需要携手做好患者的教育工作。

三、化单纯促销为专业化服务

有一个研究表明，每 100 个满意的患者会带来 25 个新患者，并且获得一位新患者的成本是保持一位老患者成本的 5 倍。处方药的促销一定要转化为对患者的专业服务，弱化价格的敏感度。因此，**患者的兴趣，是药店促销成功的基础**。改变以往降价促销的竞争手段，从价格战转化为价值战。要深刻认识到促销只是更进一步做好专业化推广的手段之一。

处方药营销的学术推广本质有两点：一是价值交换，其核心是临床价值，是关于药物针对具体适应证的疗效、不良反应和性价比如何。应以大量的循证依据为支撑，包括临床试验数据等实证依据，缺乏实证依据时可以考虑以专家或专业团体共识为依据，也可以专家直接或者间接的应用经验为依据。二是使用理由，主要是两个问题：药物的特性如何转化成医生和患者的利益（疗效）？药物的价格是如何与价值相匹配的？处方药营销必须借助学术会议、专业媒体乃至面对面拜访等方式对证据、观点进行持续的推广。其中学术会议包括全国性会议、区域性会议、院内会、科室会等。专业化的推广形式包括病例收集、临床观察、文献发表、前沿研究成果分享等。常见的学术推广活动形式有：以产品为主的学术会议，包括病例讨论会、临床经验分享会、指南推介会、征文活动等；慈善活动，比如义诊、患者教育等；专家维护活动，比如研究基金、职业能力培训、临床研究、专利申请等。

四、促销是为了更好地竞争

销售人员在销售过程中,经常会碰到同类产品的有力竞争,客户也常常主动拿对手的产品来比较。在药品日益同质化的市场环境下,如何建立自己产品的优势,是每一个销售人员必须面对的问题,学习和应用竞争销售法能帮助销售人员更好地分析情况,赢取患者。

可以采取的竞争销售的方法称为"竞争销售法",它是指销售人员为扩大药品的使用、提高市场占有率以及打击竞争对手而采取的策略和方法。竞争销售法是一种进攻式销售,主要技巧在于运用FAB分析法(特征—优点—利益)来突出自己药品的附加值。运用竞争销售法的具体步骤是:首先辨别患者的需求;其次用FAB分析法来支持需求、确认需求;最后开始推销,在这一步,重点要把自己的药品优势与对手药品的弱势做比较。FAB分析法,F(Feature)是指特性,A(Advantage)指功效,B(Benefit)指利益。对于零售终端而言,其本质是提炼和浓缩成一句话销售技巧,清晰地描述清楚FAB分析法分析出的药品特性。以三七粉为例。三七粉的三大特点:超细粉、易吸收、利用率高;辐照消毒干净,可直接服用,不会拉肚子;来自原产地云南文山,品质有保证。在销售活动中,我们每天都会遇到竞争产品的挑战,有策略性地主动进攻对手,比消极防守会赢得更多的销售机会。竞争销售法就是一种颇具杀伤力的武器,如能巧妙利用,将会帮助你增加更多的销量。

第三节 陈 列

一、陈列的重要性

当你看到"陈列"这两个字时,你一定很惊讶,这不是用在超市等快消品领域比较多的概念吗?怎么拿来这里分析了?你肯定认为当一个患者拿着盒子去买处方药的情况比较多,有这个必要吗?事实是很有必要,因为现在同一个化学名的产品比较多,如果不陈列在显眼的位置就有被替换的可能。如果不摆放在显眼的位置,就会给患者造成假象和误导,认为药店没有卖的,或者是销量不好的缘故,也不方便店员拿药给患者。笔者就曾经看到有好几个药店把价值超过 100 元的药品放在冰箱里,或者是设一个贵重药品柜单独存放。如果是这种情况,显然药店里面的存货量有限,不方便患者在显眼的地方看到想买的药品。

陈列是零售终端比较厉害的一个撒手锏。一个有创意的堆头能够引起患者购买的欲望,一个显眼的 POP 提示能够清晰地告知患者想知道的药品信息。陈列工作主要体现在：首先是陈列的位置。一定要陈列在患者容易看见的显眼位置。陈列的最好位置是货架和视线平行的位置，柜台的最上面一层为好。其次是陈列面的大小。陈列面越大越容易让人看见。最后是价格标识的明显程度。再好看的陈列让患者看不到价格或者促销信息，那也是很不合理的。所以，清晰的标签和爆炸贴的展示很重要。一个好的陈列也一定是在药店的店员方便拿取的货架上面。

客流和资金流是一样的，有人气就有消费的可能性。哪怕顾客来店里了，仅仅是为了看一眼，看了就走，也会给他们留下不同的印象，为下次的消费创造了一定的基础。因此，对于处方药的零售而言，**零售药店主动把处方量大的处方药摆出来，陈列在显眼的位置，则能够在某种程度上吸引潜在的患者人群。**

陈列的基本要求是，一定要摆出来，目的是让患者看到在你的店里有这个产品在卖。最经典的广告就是万艾可的 POP，药店门口摆放的"万艾可有售"的广告，成为医药行业的经典。同时，要求药店采取生动化的陈列，或者药店门口设置展示牌展示相关信息等，提高药品的知名度。也应适时地组织陈列大赛、POP 大赛，和店员互动起来，高频度的互动和交流才能让店员对公司和产品有深入的了解，店员才能在销售的过程中给予重点销售。另外，有条件的药店可以设置单个药企专柜，或者设置慢病药品专区，组建由某一个公司来冠名的慢病生活馆等。多元化策略相结合的陈列措施一定能够收到很好的效果。

二、陈列的价值

将门店最想销售的重点药品陈列在患者一眼就能看到的地方，也就是常说的黄金货位。一般情况下，它们毛利较高，是门店的创利产品，也是店员的主推产品。

下面来细数一下陈列的价值所在：凡是销量好的产品一定陈列在显眼的位置；不同的陈列位置店员的重视程度不同，店员需要面对形形色色的患者，店员每天的工作强度是有限的，摆在显眼的位置就代表店员的重视程度高；**陈列是提升品牌形象的重要手段之一，一个显眼的堆头能够引起患者的注意。**一个好的陈列，可以防止被竞争对手拦截，因为处方药的特性使得本身的利润空间不高，当患者进店消费时如果不能够看到想买的药品，店员就有了拦截的机会。如果陈列位置显眼，患者就会很方便地拿取药品，拿了之后买单走人，哪怕药店不能做到深入挖掘患者的其他需求，至少不会错失当次的销售机会。

三、陈列的方法

（1）"量"。俗话说"货卖堆山"，患者一般认为药品多一定是畅销品，参考快消品的陈列原则，单品的陈列面积力求最大化，要求陈列面应大于20厘米，通过满陈列来吸引患者进入相应货位选购药品。当货架库存不能满陈列时，要把后面的药品向前移，及时补足库存，占满排面。同类别药品要集中陈列在邻近的货架或位置。同时，不要经常改变药品的陈列位置，避免经常光顾的患者找不到药品。

（2）"易"，易拿、易取、易还原是药品陈列的基本要求，方便患者、店员拿取。同时，容易让患者看见，也就是和视线平行的位置为最佳陈列位置，距离地面约120厘米，一般称为黄金线。

（3）"齐"，就是药店配备的药品要齐全，药品的种类很多，要求门店要做好品类管理。对于处方药而言，可以通过一定的渠道获取到大型医院处方量大的药品信息，提前做好功课。同时，价格标签、POP展示、促销信息展示等和药品逐一对应，从而在陈列上体现出整齐、美观的视觉效果。

（4）"洁"，卫生、整洁，给患者创造一个舒心的购药环境，要及时打扫卫生，保证货架的清洁、无破损、无锈迹等；保证价格牌整齐、清洁、无破损；保证助销品（如货架贴、POP、跳跳卡、爆炸贴等）整齐、清洁、无破损。

（5）"联"，医生不会在开处方时只开一个药品，一般一个处方包含几个药品。大家也清楚，病症是复杂的，不可能一个药品就能够治好,需要同时服用几个药品。因此,需要根据医生的处方习惯,或者是不同的病症,将不同的处方药进行组合陈列,比如感冒药和止咳药放一起,将常见疾病集中陈列在一个位置,方便患者一次性购买到所需要的药品。这样不仅方便患者购买,也方便店员拿取。

(6)"色",要确保门店内的灯光明亮,根据季节的变化,调整冷暖色调搭配。夏天用蓝色装饰品给患者清凉的感觉,冬天用红色装饰品则体现温暖的感觉。要保持陈列的位置是光线好、视觉效果好、亮度足够的位置。注意色彩的搭配,冷暖色调组合适宜,避免同种色彩的不同药品并列集中陈列,以免造成患者视觉上的混淆,包装雷同的药品要注意区分开。通常垂直陈列能表现出美感,陈列方式为上小下大、上轻下重。

四、陈列的忌讳

(1)脏。忌讳药店的柜台和地面不干净,也要避免某些药品不经意地被藏在某个角落或者死角,时间久了忘记了,当患者来买药时,上面落了一层灰。

(2)乱。最容易乱的是收银台和小仓库,包括私人物品、办公用品、药品、纸箱等,一旦摆放不整齐,或者是某些显眼的地方杂乱,会严重影响患者的视觉感受。

(3)差。是某个药店给患者整体留下的印象,包括不干净、不协调、不规范、没秩序等,很多店员在门店待久了就习以为常了,没有刚来门店时的那种敏锐感觉。

(4)空。货架空也是一大忌讳,给患者留下没货的印象,更重要的是会降低门店的坪效,尤其是黄金位置,会给患者生意不好的错觉。

(5)残。包括货架残破和药品残破,残破的药品要及时处理,不然会给患者留下不好的印象,降低患者的体验感。破损药品不会再产生销量,而且会影响企业的品牌形象,必须及时调换。

第四节 培 训

一、药 企

没有专业化的推广，只能陷入残酷的价格战。药企做好店员的培训至关重要，可以提高企业的知名度，让店员了解药品的适应证和用法用量，了解某个药品区别于其他竞争产品的优势。开展培训的方式应当多种多样，最容易实现的首先是由代表在门店拜访的时候开展店员一对一培训，其次是组织单个门店的培训会，最后是统一组织的多个门店的大型培训会。随着网络的发展和进步，可以借助网络方式进行培训，公司开发一定的软件，搞知识竞赛、有奖问答、互动学习、执业药师学习、学习积分累计奖励、产品卖点一分钟演练等多种活动。

有些药企的服务仅停留在对终端店员的培训上，但是随着环境的变化，仅靠对店员的教育与引导是很难达到效果的。需要了解对患者需求服务的概念，因为患者对品牌的认知主要依靠的是医生的处方，慢性病患者随着对病情的了解和知识结构的更新，或多或少会有自己的判断。在选择药品的时候除了医生的处方外，病人之间的口碑宣传和使用药品以后对疗效的检验程度，直接关系到患者会不会再次购买的问题。俗语说："质量是产品的试金石。"产品品质会说话。可以通过患者的教育，从养生保健入手，请当地知名的专家讲课，专家根据不同病情特征给出日常饮食调理方面的指导建议，并且现场答疑解惑，满足患者在精神层面需求的同时，提高了患者对企业的认可度。

二、连锁药店

随着国家医改政策的深入推进，在承接处方药的零售过程中，最大的短板是如何提升店员的专业化服务，给患者提出合理化的用药指导。以某省的某个特殊的医改政策为例，政府要求医院控制药占比，紧急叫停普通门诊接收病人，患者只能挂专家的号，并且限制专家每天的看病人数，以及限制患者门诊看病后带药的数量。以慢性乙肝病为例，开具的抗病毒药品，如果单次出院只允许带 1 盒（只能服用 7 天），药店需要教育患者长期服用，如何在店里做好处方药外流的承接工作，必须对乙肝患者的基本检查和治疗知识有基本的了解。

同时，目前药店的房租租金和人力成本占药店费用成本的 30%~40%，经营成本与日俱增，如何发挥好门店销售人员的实力，不仅要开源，还要节流，留住每一个到店有需求的患者，通过专业的服务来提升客单价，达到提高销售额的目的。对于很多优质连锁药店来说，门店的药品是不缺的，真正缺的是人，人的服务意识和能力对门店的意义是无价。所以，连锁药店需要加大对人员培训的投入力度。打造学习型组织，掌握好处方外流的趋势，做好培训工作，只有终身学习才能共同进步。成立专门的培训部，重庆和平药房建立了一个网上学习平台，把产品知识、疾病知识、销售技巧等做成了十张左右的幻灯片，学习完了之后有简单的试题考试。通过搭建这样的培训平台，利用空余时间学习，同时采取积分制来评价每个人的学习进度和学习成绩，从而衡量学习的效果。

三、店　长

目前药店的核心竞争力体现在：一是独有或受渠道保护的药品；二是以礼仪服务和专业服务为指标的综合实力。对于核心竞争力的打造，店长的决定作用至少占了六成。专业的营销队伍不仅药企需要，连锁门店也同样需要。药企通过专业的沟通工具、多种形式的推广活动，提升店长的经营技能和水平。比如步长药业打造的店长训练营，通过针对店长分阶段、分课程、分批次的集中学习，提升店长的综合实力。所谓的"生意"，就是努力让陌生人满意，每一位患者在进店前对门店来说都是陌生人，然而越聪明的店长就越有方法让这些陌生人满意——让他们充分信任你这个陌生人，越专业就越信任。关键是如何做到"专业，专业，再专业"，主动营销、主动攻坚、主动向陌生人展示你的专业。

店长只有通过不断地学习和成长，才能更加专业，店长最关心的几个指标是如何提升客单价、提高坪效、提升动销、提升销售额，最终提高利润率。在药店竞争激烈的现在，重要的不在于开了多少店，而在于能不能把店做精，就需要提高员工的素质，让患者信任你。店长是第一责任人，要服务好每一个患者，做好带头人，管理和处理好各种日常事务。"火车跑得快，全靠车头带"，一个优秀的店长能够充分调动大家的工作热情，创造出骄人的业绩。

四、店　员

处方药的特性决定了对店员的素质要求高，需要了解专业化的产品知识、疾病知识、相关的临床禁忌等。多数店员仍认为影响患者购买行为的首要因素是价格。"**实际上真正有效的、最有影响力的是药店的专业服务能力和服务技巧，一旦上升到亲情，患者对价格是不敏感的。**"而为什么大多数患者对店员的产品介绍接受度不高，就是因为店员的专业知识不足以让患者信赖，最终导致患者的接受度低。

通过每天的晨会学习制度，学习销售技巧，总结销售话术，分析近效期药品、高动销药品、滞销药品的不同销售策略；根据药店的人数和经营品类，将药店的产品划分为若干个养护区，要求每周养护一次，并定期轮换养护区，责任到人。养护时需要将对应疾病、药代动力学原理、主要的不良反应、禁忌等信息记录下来。店员的学习形式是多种多样的，可以是连锁总部统一组织的培训，也可以是药企组织的各种竞赛活动，还可以通过网络、手机，利用空闲的时间进行碎片化的学习，边做边学，在销售中找问题，带着问题找答案。培训的内容包含常见疾病的甄别、基本用药知识的掌握、关联销售技巧、联合用药知识、客户接待礼仪、危机处理方法、成交技巧、养护记录等。

同时，药企在给店员培训的过程中要学会讲故事，通过形象、生动的故事让店员记住疾病特征、产品的特性。在培训会上，为了鼓励动店员参与，建议采取一些活跃气氛的手法，如有奖问答、竞猜等。在产品介绍前就应先告知与会店员，以便他们注意听讲。介绍完后，立即挑出产品最强的卖点、最能打动患者的说法来提问，答对者当场发奖。总之，把整个培训会议搞得热热闹闹，才能吸引店员的参与兴趣，才能帮助店员记住产品的卖点，以便向患者介绍。通过培训把不懂销售技巧的人打造成能够给药店带来利润的人，让店员变成药企某个产品的形象代言人，那么你还会发愁产品的销路吗？

第五节 客 情

一、认识客情

客情，其实就是客户关系的一个通俗叫法。它是指合作双方建立起来的持久的、相互信赖的、具有巨大商业价值和个人价值的双赢关系。**没有利益就没有客情，没有客情就没有首推，没有首推就没有销量**。再好的产品没有人去维护，销售该产品的销售人员对产品的认知度不高，则会极大地影响销售的结果。首先要做好的客情就是连锁药店的总部这个层面，采购部门、营运部门、培训部门、质量部门，以及高层领导的关系维护，都需要药企的销售代表花费更多的心思和资源，目前行业内普遍采用的是组织各类论坛活动做好连锁的高层领导的关系维护工作。

做客情要从心做起，做客情就是在做人。一方面要完善自身，加强药品的竞争力；另一方面要了解店长和店员的心态，有的放矢。他们最关心的除了单品的毛利率，还有毛利额。店长通常是直接考核利润额和营业额两个指标。所以，我们需要迎合他们的心态，当他们的顾问，帮他们完成考核指标。我们就曾去门店做过调查，如果每盒药品给2元的活动费用，让店员选择，一个是作为他们店里的活动经费，另一个是直接让利给患者，最后店员选择让利给患者。由于处方药的特殊性，店员宁愿选择留住患者。带金销售不一定有用，这就说明很多事情不是我们想象得那样，因此，在做客情时要挖掘客户的需求，做到知己知彼。

真正意义上的客情关系，前提在于对方是客户。首先有供需之间的"商务关系"，然后才有主客之间的"私人关系"。超越"商务关系"，"私人关系"或许就不存在了。作为社会属性的人都是有情感需求的，情感需求包括两个方面：一是对朋友情、亲情的需要；二是归属感的需要，也就是人们都希望自己能够归属于某个组织。做人一定要合情，做事一定要合理，合情是与客户交往中把握客户利益的根本。与客户交往，感情沟通与投资是必要的，但是也不能完全依赖感情去解决所有工作上的问题，工作中要以帮助客户共同获利为出发点。

二、专业客情制胜

当前营销界流行的观点是企业不是卖产品，而是卖"解决方案"。在很多情况下，产品就是解决方案。对于处方药零售而言，最大的困境是药店的店员不会卖处方药，不敢卖处方药。这就需要药企做好培训工作，教会店长怎么销售处方药，还需要做好客情关系的维护工作，让店员加深印象，患者说到某个药品时能够第一时间推荐。**药企对连锁做客情的终极目标是成为连锁公司的顾问、店长的助手、店员的朋友**。要帮助连锁公司正确经营，帮助店长完成销售业绩，和店员一起交心，帮助店员完成工作任务，让店员拿到基本收入的同时，帮助店员学习成长和提高，教会店员怎么卖药，最终成为销售能手等。

交情对生意有帮助，但效果有限，有时甚至会有不良影响，真正有意义的客情是专业客情。"交情"非"客情"。比如小张是一名基层工作者，经常和各种类型的客户打交道。曾经有一个客户王经理，小张自以为和王经理建立了良好的关系，因为小张经常帮王经理搬货、理货，甚至帮王经理运货，可谓殷勤备至。王经理对小张也是关怀有加，有时甚至非要请吃请住，非常客气。有一次，公司新增了一项业务，小张便和这位客户谈起了这项业务，结果王经理回答道："如果是你私人的生意，就是赔本也跟你做；如果是公司的生意，没钱赚的生意我是不能做的。"随着时间的推移，小张碰到的这样的客户也越来越多。终于，小张明白了：交情不是客情，你的殷勤礼貌只会让客户产生好感，但不会产生尊重，只有提升王经理的业绩才能带来良好的客情。

专业客情需要良好的人际关系基础，必须学会和各种客户打交道，学会和他们交朋友。因此，和客户的关系不能太冷，太冷会生疏，必要的应酬不能少；但也不能太热，要保持一定的距离，让客户有所顾忌，保持冷静的头脑，认真合作，配合做市场。专业客情是建立在尊重的基础上的，是靠专业的销售知识来维系的。客户永恒不变的话题是获利，因此有必要让客户感觉到你做事认真、敬业踏实，你在做生意上比他强、比他专业，你能教他很多做生意的方法，能帮他创造销量和利润。这个时候，客户才会尊重你、相信你，才会同你合作。

专业客情关系的三原则：

合情，是在和客户交往过程中把握客户利益的根本，情感尺度的把握原则是亲近而不亲密，依靠而不依赖。

合理，在和客户交往过程中把握公司利益的根本。合情是考虑客户的利益，合理是不能牺牲公司的利益。要在兼顾自己公司利益的基础上，尽量照顾患者，但绝不能牺牲公司的利益来换取客户的利益。

合法，在和客户交往的过程中，该签协议时签协议、该出证明时出证明，要把握好个人利益、客户利益与公司利益的平衡，不能做违法乱纪的事情。

三、日常客情维护

日常拜访过程中适当带点小礼品，也就是品牌提示物，如笔、本子、鼠标垫等。通过各种细节让店员接受销售代表的工作，从小事做起。比如从细节做起，在店里忙碌时能够及时帮助店员理货等，记得店长或几个店员的生日并能在生日当天送上祝福，让店员感觉到销售代表的真诚和温暖，销售代表真心的付出一定能换来良好的客情。公司也需要组织各种知识竞赛来调动店员参与的积极性，有利于关系的拓展和维护。在条件允许的地方，或者是单店销量很大的门店，处方药药企可以借鉴 OTC 药企的做法，单独招聘销售代表或者增加人手，甚至可以由现有团队的销售代表定期和不定期地去门店做好关系的维护工作。对于区域内重点的连锁药店，组建 KA 销售团队进行重点跟进，让区域内的大型门店起到提升品牌形象、带头销售的作用。主要维护的重点对象是店长，对店长的客情投入，可以带来持久的收益。

那么，如何做好客情维护呢？

第一，选择客情维护的最佳时机是重大节假日，比如春节、端午节、中秋节，采用的方式一般为致贺词和送礼品。

第二，重大营销事件发生时期的客情维护，如新店开业、促销活动及召开客户会议等，对客户而言都是非常重要的时刻。此时，销售人员除给予精神鼓励外，如果有可能一定要到现场一起运作，这是一个与客户并肩战斗的最好机会。

第三，客户非规律性重大喜事，是指客户得子、结婚等非规律性重大喜事，销售人员需尽可能到现场祝贺，最好能争取一位公司高层领导出席以示重视，因为这往往是客户最重要的社交活动，其看重的关系人物大多会出现在这种场合，销售人员及公司领导的出现能让客户感到受重视。

第四，非良性意外事件，比如客户不幸遭遇亲人去世、被患者投诉、其他意外事件等情况，销售人员知道消息后应在第一时间致电问候，但要言简意赅，客户一定会记住这份超越生意的关怀。曾经有一次客户的仓库失火了，销售人员及时送去了慰问金。一方有难八方支援，伸出援助之手，一个善意的关怀，换来了长久的客户认同和合作的机会。

　　总之，对于处方药零售中已经占据半壁江山的连锁药店来说，需要从五个方面做好工作，分别是覆盖、促销、陈列、培训、客情。只要付出就一定会有回报，随着连锁率的逐步提升，相信在不久的将来，连锁药店一定会成为零售市场中非常重要的市场。未来已来，趋势已定，处方药零售将会迎来大好的发展机遇。

处方药零售这样做

第九章 人员管理

处方药零售区别于 OTC 的零售，最大的区别是团队成员专业化、熟悉处方药的特性、熟练掌握处方药的用法用量、了解各个医改政策的含义和内涵，需要树立"以医生思维提升专业化推广"的理念。专业化营销团队需要具备四个方面的能力：

（1）营销团队专业知识储备（医学产品知识培训）。

（2）营销团队专业销售能力（专业拜访技巧、区域管理）。

（3）营销团队内部管理能力。

（4）营销团队学术会议的推广能力。

下面将重点分析人员管理方面的几个深刻的工作感悟。

第一节　人事管理

处方药零售市场的特点是地域广,每个人负责的区域跨度大,交通不便利。对基层管理者提出了更大的挑战,下面分别从招聘、培训、考核、发展、定岗定编五个方面分析。

一、招　聘

随着社会的发展,人力资源的需求越来越旺盛,但是合适的人才越来越少,如何发现人才是第一步,留住人才是确保企业长足发展的基石,发展人才是关键。我们的招聘老师说:"能够在企业干满三年的人,对于企业的投入来说才是保本的。"可见培养一个人多么不容易,不仅仅是费用,还有精力等。首先是年初时由人力资源部制订年度招聘计划。不同公司选择不同的招聘方式,有的是各办事处招聘,有的是公司统一招聘。各有利弊,笔者认为还是采用双轨制,由用人单位的办事处经理和公司的人力资源部共同审核最好。根据不同的工作岗位要求,一线代表招聘大学生比较好培养，能够快速融入企业。学术性较强的、专业性要求高的岗位，建议从其他企业挖人。

比较稳健的招聘方法是大学成长计划的发展。从大学生起就开始培养，大学的实习就是在公司进行的。在人员招聘过程中，要选择和本岗位相匹配的人员，将合适的人放在合适的岗位上，属地化招聘是目前的趋势。比如重庆地区某个县级市场，从江苏招聘一个大学生显然是不能长久发展的，最好是能够选择想回到家乡，或者是对该县环境和人情相对熟悉的销售代表，有相关工作经验和医学相关专业的人才当然更好。

二、培　训

培训的第一要务是让销售代表清楚自己的销售目标，认同企业的文化，愿意去完成公司的任务和各项日常工作安排。销售团队不在于多而在于精，高效团队的起源是良好的培训，持续高效的团队是持续不断培训的结果，在学习中成长的团队才更有战斗力。舍得在培训方面花钱的企业，才能够在零售市场收获成功，从产品知识、工作技能、谈判技巧、时间管理、目标管理等进行全方位、多角度的培训，一定可以为团队注入新的活力。培训能够保持团队的战斗力持续处于充足的状态，也是保证完成绩效目标和应对市场变化的动力源泉。

企业的带人和培养人，简单地说就是传、帮、带。以老带新，不仅能调动老人的积极性，还能够给新人更多的学习机会，老人的示范作用也可以提升新人的归属感。具体分析如下：

传，不仅要传技能、传经验，更重要的是传作风、传思想，要主动把自己的岗位技能和工作经验传授给下属。当师傅的先做，做给新人看，先让新人学习，起到示范作用；再让新人去模仿实际操作，老人在边上看，发现新人工作中的不足；最后是新人自己去做，在做的过程中发现问题，请教师傅，由师傅给予分析和解答，帮助新人持续成长。这种心手相传的方法，首先要求师傅具备过硬的功夫，每一次带领徒弟的过程也是老人成长的过程，师傅的一言一行、一个好的引导方法，能够帮助新人快速适应公司的企业文化。我曾经带过一个问题非常多的徒弟，他是那种什么都问、不懂就问的人，永远有着问不完的问题。随着他的成长，一旦进入工作状态，就能够很好地适应本岗位的工作。

帮，不仅在工作上、技能上帮助下属，在生活上也要主动关爱他们。师傅成为新人的知心大哥或者知心大姐，很多新人在刚进入公司时心态飘忽不定，对公司和社会的认知度不够，帮助新人从思想上早日适应社会生活，尽快适应工作状态和融入企业，才能使新员工落地生根。

带，就是要手把手地带领下属克服困难、完成任务，带领他们成长。面对新的工作环境时，要给予新人正确地引导。当面临客户的拒绝和工作压力时，师傅要正确地开导。销售是从拒绝开始的，要给予新人正确地疏导，克服和陌生人沟通的困难，让新人以积极的心态面对业绩压力和复杂的市场环境。

三、考　核

在对销售代表的考核方面，一定要设定好激励机制，制定科学、合理的绩效考评方法，发挥考核的约束作用。避免团队成员不劳而获，尽可能地避免十年吃不饱，一年被撑死的情况，不能使销售代表的收入忽高忽低。首先，在满足基本的生活的前提下，给予适当的激励，基本保障要占整体收入的30%才是比较合理的水平，如此团队成员才能持续稳定发展。同时，考核要尽量简单化，完成销售任务是销售的第一要务，其他工作安排应该淡化考核，避免考核方案过于复杂，考核项目过多会让销售代表工作重心偏移。

考核机制就是激励机制，运用得好坏是决定企业兴衰的一个重要因素，运用多种有效的手段和方法，最大限度地激发下属的积极性、主动性和创造性。美国哈佛大学教授威廉·詹姆士研究发现，**在缺乏科学、有效激励的情况下，人的潜能只能发挥20%～30%，而科学、有效的激励机制能够把员工另外70%～80%的潜能发挥出来**。所以，对于医药企业来说，能否建立起完善、有效的激励机制将直接影响其生存和发展。合理的奖惩机制的建立,不仅能够充分调动员工的积极性,还是公司持续健康发展的保证。考核不仅仅是销售业绩的考核,还有日常工作态度和工作行为表现的考核,在日常管理过程中,鼓励团队成员内部分享,工作中的成功之处和失败之处都分享给大家。

四、发　展

员工可以多方位、多层次化发展,首先是给予员工职位上的提升,但是大家都知道管理者是僧多粥少,竞争压力大,能够当管理者的毕竟是少数人。那么,就需要根据不同人的爱好和特点,给予多方面的培养,从产品推广专员、商务专员、培训专员、内训师、辅导者等方面给予员工发展和进步的机会,不能一味地局限在职位的高低上面。中层是企业的脊柱,高层是大脑,基层是四肢,承上启下。笔者认为,从基层提拔中层管理者较好,认同本企业的文化,并且引入竞聘机制。同时,应做好员工的职业生涯规划,鼓励和关心员工的个人发展,帮助员工制定个人发展规划,进一步激发员工的积极性、创造性。通过整体开发的管理形式,根据企业目标和个人状况,为其做好职业生涯设计,不断培训、不断调整职位,充分发挥个人的才能。

晋升是指企业员工由原来的岗位上升到另一个较高的岗位的过程。在人员的晋升方面应当择优而用、德才兼顾,不能只看业绩,有的人天生就适合做销售代表,不适合做管理者,这就要求公司的人力资源部门制定合理的考评制度来选拔合适的人才。建立一个公开、公正、透明的人才选拔机制不仅有利于激发员工的干劲,还能激发团队的活力。选拔人才无外乎两种方式:外部招聘和内部推荐。内部推荐更有利于企业文化的构建,能够快速地融入企业,一定要把合适的人配置到适当的工作岗位上。

正确认识离职,当员工认为企业没有自己期望的发展前景或没有得到满意的晋升或晋级时,会提出离职。不是每一个离开的人对公司都是损失,在每个人不同的发展阶段、不同时期,心态不同、市场不同、社会环境也不同。离开，也许对企业个人的发展都是一种帮助，一味地生活在自己的圈子里是看不到自己的长处和短处的，也看不到外面的机会和困难。

五、定岗定编

定岗是指明确企业所需要的岗位；定编是指明确企业需要多少适合企业发展的个人。定岗定编涉及企业业务目标的落实、员工能力和数量的匹配，科学合理的定岗定编可以有效地提升组织和个人绩效，降低运行成本，防范企业经营风险，提升精细化管理水平。

企业一定要明确是以人定岗，还是以岗定人。外企更多的是以岗定人，先确定好了岗位再招聘人才。民营企业更多是偏向于以人定岗，把认为合适的人放在一定的岗位上。定岗定编是年度人力资源工作计划中必不可少的一项，是人力资源工作的地基。定岗定编的积极意义在于可以帮助企业进行人力资源规划、预测，以便更好地帮助企业实现其业务目标。

岗位是指组织中为完成某项任务而设立的工作职位。定岗的过程是岗位设计的过程，岗位的设计是以市场为需要、客户为导向，综合考虑员工的发展。定编定员，就是采取一定的程序和科学的方法，对确定的岗位进行各类人员的数量及素质配备。定编定员是一种科学的用人标准，它要求根据企业当时的业务方向和规模，在一定的时间内和一定的技术条件下，本着精简机构、节约用人、提高工作效率的原则，规定各类人员必须配备的数量，它所要解决的问题是企业各工作岗位配备什么素质的人员，以及配备多少人员。

定岗定编并没有一个固定的模式，只是各企业根据自己的情况在不同的时期运用不同的方法。定岗定编的目的是实现"人、岗、事"三者之间的合理匹配，以达到"人尽其才、才尽其用"的目标。这里最重要的是首先弄清楚企业要做的"事"。有了工作目标，然后才需要相应的岗和人。当然，企业的战略目标，也就是"事"的确定，并不是一个简单的问题，它必然涉及企业一系列内外部的因素，如经济环境、市场竞争、技术变化、客户需求等方面的影响，弄清楚企业战略目标是企业发展的前提条件。结合企业的战略目标合理地确定岗位和人员编制情况。对于销售岗位而言，一定要根据市场特点，综合考虑交通、客户特点、人情风貌等因素后确定，属地化的销售代表比较适合目前市场发展的需要。

第二节　人员的日常管理

戴明循环（Deming Cycle）又称 PDCA 循环。原本是用在质量管理方面的，全面质量管理就是用该模型建立和发展起来的。PDCA 循环的含义是将质量管理分为四个阶段，即**计划**（Plan）、**执行**（Do）、**检查**（Check）、**处理**（Action）。在质量管理活动中，要求把各项工作按照做出计划、计划实施、检查实施效果，然后将成功的纳入标准，不成功的留待下一循环去解决的工作方法。该循环也经常用于企业管理，那么用在人员管理中，结合个人的工作体验，其本质目的是针对销售市场的特点，根据匹配的市场销售代表，通过目标管理结合过程管理的经验总结。在团队管理过程中，将 PDCA 理论引入日常工作中，具体分析如下：

1. P（Plan）——计划

每个月的月例会上，制定出每个代表下个月的目标，当然目标的选择需要遵循 SMRT 原则：具体的、可衡量的、可以达到的，目标具有相关性,有明确的截止期限,笔者认为还需要加上一个有挑战性的,没有挑战性的目标是没有激情的目标,不足以激励销售代表去完成。比如小张7月和8月的平均业绩是45万元,9月制定的销售业绩目标是50万元。具体的目标是50万元,这个目标是可以通过销售流向数据来衡量的,明确的期限就是9月1日-30日,9月的目标是结合前两个月的目标得来的,具有相关性。作为目标来说50万元是可以达成的,但不是很容易达成的,具有一定的挑战性。在制定完整体的目标后,需要根据市场情况、市场特点、客户结构、客户发展情况、产品情况等,再次细分之后,尤其需要针对重点客户制订出能够支撑该目标完成的具体的行动计划。

制订详细计划的步骤是,分析现状,找出问题;分析各种影响因素或原因;找出主要影响因素;针对主要原因,制订措施计划,就是经常用到的5W1H**方法**:Why,为什么要制定该措施,说明制定该措施的原因;What,达到什么目标,将目标明确出来;Where,在何处执行,哪些客户,哪些产品;Who,由谁负责完成,确定责任人;When,什么时间完成,规定一个截止期限;How,如何完成,通过做什么事情,或者采取什么样的手段来完成。

2. D(Do)——执行人(代表)执行

就是代表按照计划去做,落实计划。执行力包含完成任务的意愿、完成任务的能力、完成任务的程度。对销售代表个人而言,执行力就是办事能力;对团队而言,执行力就是战斗力;对药企而言,执行力就是经营能力,简单地说就是行动力。结合刚才介绍的案例,在制定目标时,销售经理需要和销售代表确认该目标。在这里,目标不是考核,不能把考核指标和目标的概念相混淆,任何时候都需要一个具有挑战性的目标,一旦指标就是目标,销售代表会备受打击。指标是为了拿到收入的,目标是为了调动销售代表的积极性的,也可以通过高目标帮助销售代表拿到增长奖励。大家认同的目标,不仅能够帮助销售代表完成业绩,还能促使销售代表迎接挑战。只有销售代表认可了自己的目标,执行力才会提高，他也愿意为实现这个目标去努力，这个过程主要体现了团队成员的执行力。

3. C/S（Check/Study）——检查或研究执行人的执行情况

在日常管理中，一般是通过每周或者每旬追踪销售目标达成进展的方法进行追踪，同时找出存在的问题，并对策略进行适当地调整。类似于过程管理中的事中控制，需要在完成目标的过程中适当地进行中间节点控制。比如每旬跟进，确保目标能够按计划、按进度完成，如果目标完成的进度没有达到预期，可以在过程管控中及时干预。

追踪销售业绩可以采取的表格是旬报表，每十天追踪一次销售情况。此表不同于周总结的地方是，周总结是行为管理和过程管理。旬报表是业绩追踪表，比如有的销售代表处于这种状态：月底一看数据，这个月的业绩怎么这么差；这个月的业绩这么好，都不知道为什么。因此，通过旬报表管理，对当月目标进行事中控制。及早发现问题，及早解决问题，避免到月底核算时茫然。旬报表的设计内容可以参考：分代表、分产品、分客户、分旬追踪销售数据，上旬的数据就是上旬的数据，中旬的数据是上旬加上中旬的数据，下旬的数据是整个月的数据。

该环节的目的是确定方案是否有效、目标是否完成，需要进行效果检查后才能得出结论。将采取的对策进行确认后，对采集到的证据进行总结分析，把完成情况同目标值进行比较，看是否达到了预期目标。如果没有出现预期结果，应该确认是否严格按照计划实施对策，如果是，就意味着对策失败，就要重新确定最佳方案。

4. A（Action）——效果

对检查的结果进行处理，认可或否定。目的有两个：一是总结成功经验，制定相应的标准；二是把未解决或新出现的问题转入下一个PDCA循环。我们一般将这个过程认为是总结的过程，在月例会中总结过去成功的做法，确定下一个月的目标和方法。每个销售代表都应当学会自我总结，定期或不定期地通过总结分析知道自己的优势与不足之处，才能有所提高。通过成功方法的分享和交流，让团队成员之间相互学习，相互借鉴成功的方式和方法，以便提高团队各成员的能力。

在检查效果的过程中，更多的是个人总结能力的提高，也是团队能力的提高。很多时候业绩是靠压力压出来的，但是团队战斗力强，更多时候是团队成员共同奋斗和共同激励的结果。总结过去成功的地方，将成功的经验在团队内部分享；反思失败的地方，提出解决的方案，对于方案效果不显著的或者实施过程中出现的问题进行总结，为开展新一轮的 PDCA 循环提供依据，或者提出可能出现的问题，避免再次出现错误，做到防患于未然。

第三节 提高员工的能力

员工的综合素质有很多，对于处方药的零售市场而言，目前最关键的有三个方面，就是谈判技巧、顾问式销售技巧和时间管理。

一、谈判技巧

谈判是双方寻求资源整合的最佳方式，是双方共同获益的途径。**现状是零售门店缺少吸客产品，处方药药企需要拓展零售市场**。在这中间就需要找一个契合点来共同推进，达成良性谈判的目的，也就是自己和对方都感到满意的谈判结果。因此，**提升员工的综合素质，尤以谈判能力为首**。谈判能力在互联网经济时代越发重要，懂得谈判才有合作的可能。有合作才能有成事的可能，才能有业绩，想要找到好工作、涨工资、升职等，学会谈判非常有必要。

下面是一个同事的心得体会、谈判的注意事项——立即成交。

案例一：当我们在进行商业谈判时，如果进展顺利，当场达成交易是最好的。

先说第一次，当时我在和一家连锁公司 LC 大药房的运营经理谈我们的甲产品的覆盖，谈判非常顺利，可能因为该经理年龄不大，大家有很多共同语言，他答应下个月就开始铺货，然后我就愉快地回去等下个月的到来。当时是月中，等我在月末跟进时，这位经理因为职位调动去了其他部门，这个岗位由采购经理兼任，我可预感到大事不好。我去见采购经理，跟他说了事情的来龙去脉，该采购经理直接回绝，并且当时也没有签订任何协议，空口无凭。

总结此事，还是有机会达成覆盖目标的，只是我没有珍惜！机会在哪里呢？当时是在月中，如果在谈判达成时就建议马上开始覆盖，顺便给予他们一些政策上的支持。可以说这个月的专门活动，下个月就没有相关的政策支持了，只要能覆盖下去，就有提升销售的可能；签订一个协议，并约定好违反协议的相应后果，这样就增加了他们的违约成本，降低了我们的风险。

案例二：第二次是与 WH 连锁公司合作，当时与该连锁公司谈的是乙产品，我们达成了下个月覆盖乙产品至 100 家门店的协议。因为该连锁门店的实际情况就是当月谈成活动，做成统一的方案在下个月执行，所以在活动的当月不能马上覆盖，吸取了上一次的教训，我和他们签订了一份协议，还拟定了违约责任。如果违约，他们将会有大约 2 万元的经济损失。我以为这样就可以高枕无忧了，但是，当那个月结束我去跟进时却发现迟迟没有覆盖，再次沟通又是令人心碎的回答，做不了！因为他们公司的其他部门不同意！

简直就是晴天霹雳，哪里又冒出了个其他部门，为什么在这个时候冒了出来。再问，这个其他部门包括商品部和拓展部，这两个部门可不关心之前达成了什么协议，他们只看毛利，因为我们的品种在同类品种中属于毛利比较低的，又没有临床拉动，之前也没有在该连锁公司销售，所以他们拒绝了覆盖方案，承担这个协议中的损失。

总结此事，有没有机会完成覆盖呢？答案是肯定的，那就是在谈判的过程中要从对方那里知道还需要其他部门的同意，提前做准备，我当时连这个意识都没有，如果提前沟通，后面的事就会顺利很多。在和很多连锁公司接触之后，一个方案需要好几个部门同意的情况很常见，所以我们在进行谈判时要多留意一点，或者问问他们需不需要和其他部门沟通，这样就又减少了一个潜在的漏洞。

二、顾问式销售技巧

顾问式销售技巧（SPIN），就是情景性（Situation）、探究性（Problem）、暗示性（Implication）、解决性（Need-Payoff）问题四个英语词组的首位字母合成的词，是指站在专业的角度和患者的角度提供专业意见及增值服务，使患者能做出对药品或服务的正确选择，其核心不是患者需要什么给什么，而是挖掘患者潜在的健康需求。传统的销售理论认为顾客是上帝，好商品就是质优价廉，服务是为了更好地卖出产品；而顾问式销售认为顾客是朋友，好的药品是顾客真正需要的产品，服务本身也就是药品，服务是为了与患者更好地沟通。对于处方药而言，在零售市场中如何帮助患者减轻病痛、提供医疗方案，或者帮助患者通过保健养生方法来达到兼顾治疗的目的，帮助慢性病患者改善生活质量。

顾问式销售技巧的具体步骤如下：

第一，利用情景性问题（Situation Questions），比如有什么需要、有没有医保卡、服药多长时间了、在哪家医院开的处方等，多方面了解患者的现状，方能进一步导入正确的需求分析。

第二，销售代表会以探究性问题（Problems Questions），比如你服药以后症状有改善吗？做过复查吗？在坚持服药吗？医生给的建议是什么……探索患者隐藏的需求，使患者透露出所面临的问题与困难，进而掌握主导权发现患者的需求。

第三，销售代表会转问暗示性问题（Implication Questions）使患者感受到隐藏性需求的重要性与急迫性，告知某个特定疾病的特性，一定要遵医嘱长期服药，锻炼要跟上，饮食习惯要培养，需要的时候有没有戒烟、戒酒等。通过对患者的关怀来和患者建立长期稳定的关系，通过服务来刺激其购买欲望，甚至改变其购买习惯。

第四，患者认同需求的严重性与急迫性，且必须立即采取行动时，销售代表便会提出需求——解决性问题（Need-payoff Questions）让患者产生明确的需求，鼓励患者将重点放在解决方案上，并说出采用该方案的好处，比如坚持服药、检查指标会比较稳定、症状也会改善等。

总之，顾问式销售贯穿于销售活动的整个过程，体现在帮助客户界定需要，即为客户增加价值。顾问式销售不仅仅是一次合同的订立，而是着眼于长期关系的建立。让销售代表通过顾问式销售方法促进客户对处方药零售的认可，挖掘客户需求并满足客户的需求是其真正的核心。

三、时间管理

你是否每天忙得焦头烂额，工作时间长，工作内容又相当零碎，却感觉每件事情都没有价值，那一定是你的时间管理出了问题。工作是为了更好地生活，要在工作中找到乐趣。时间管理是指通过事先规划和运用一定的技巧、方法与工具实现对时间的灵活及有效运用，从而实现个人或组织的既定目标。比如客户着急要资料，为什么你要亲自给客户送资料，来回耽误两个小时呢？是为了体现你的服务好吗？为什么不选择快递呢？省钱、省力、省事，有这个时间你又可以多开发两个终端客户了，至少你可以规划一下明天的行程。

时间是需要做合理计划的，制订好日计划、周计划、月计划。海尔的管理理念中有一条就是"日事日毕，日清日高"，即今天的工作必须今天完成，今天完成的事情必须比昨天有质的提高，明天的目标必须比今天更高才行。每一个销售代表只有通过一点一滴的小成功，才可以给自己带来更多的信心，带来更多的自我激励，从而提升自己的能力。

时间管理非常重要，尤其是需要及时总结，每周或者每月抽出两三个小时来总结自己近段时间的成功。在日常工作中，一定要有计划地使用时间，最好是提前一天拟定好路线图、做好笔记，把碰到的事情规划好，进行集中处理；将一天要做的事情罗列出来，完成一件事情划掉一件,或者做个标记;将要做的事情根据紧急程度排序,20%的重点事情优先做;要学会说"不",一旦确定了重要的事情,对那些不重要的事情就应当说"不"。做好的事情要比把事情做好更重要;做好的事情是有效果;把事情做好仅仅是有效率,首先考虑效果,然后才考虑效率。

下面将对美国管理学家柯维先生倡导的**时间管理的四象限法**加以分析:

(1)**重要且紧急**(如和连锁药店高层约好的年度合作谈判)——必须立刻做。一旦及时谈好就能够确定一年的合作大方向。

(2)**紧急但不重要**(如物流公司送的货出现破损,客户要求处理,对于不接受破损的药企而言,这件事情紧急但是不需要立刻处理。其实处理破损的事情每个公司有不同的制度,马上处理和过几天处理其实都是一样的。紧急的事往往是短期性的,重要的事往往是长期性的。经销商找你谈开发计划,执行开发计划时发现选中的这8家终端开发不了,需要从另外20家终端中选,为什么你一定要去选呢?直接让客户开发不就好了吗?人们常犯的错误是把"紧急"当成优先原则。其实,许多看似很紧急的事,拖一拖,甚至不办,也无关大局。

(3)**重要但不紧急**(如某个连锁公司反映另一家连锁公司的零售价太低,这件事情重要,但是马上处理不了,需要调查情况,也需要沟通的时间),类似的事情一定要及时处理,不能拖太久,处理好一个大问题才能使市场零售价在合理的范围内。

(4)**既不紧急也不重要**(如某个经销商找你谈把另一家的终端业务转一部分过来)——有时间再做,甚至这件事情是做不了的,你把甲客户的业务转给乙客户了,把甲客户得罪了,乙客户对你就那么重要吗?都是客户有必要去做吗?

总之,人员管理非常重要,销售人员一定要以业绩为导向;人事管理需要做好招聘、培训、考核、发展、定岗定编五个方面的工作;人员的日常管理要用好PDCA循环;提高员工的能力主要从三个方面体现出来,分别是谈判技巧、顾问式销售技巧和时间管理。

致谢

路漫漫其修远兮，吾将上下而求索。读完MBA才知道知识的海洋是多么的浩瀚，而我在求知的路上仅仅是一个小小的水滴。因为中学时期的一个梦想，加上这些年工作的收获，在处方药零售的道路上经历过十个春夏秋冬，结合读MBA期间导师的指导，在大家的帮助下本书终于得以出版，首先我要感谢我的硕士生导师肖小虹，帮我实现了出书的梦想。硕士论文给了我写作的灵感，也给予了我出书的信心和动力。从论文题目的拟定、开题，再到论文框架的搭建、初稿的撰写、论文结构的安排、反复多次不辞辛劳的指导和修改，直至论文的最后完成，凝聚了老师大量的心血，正是因为你的悉心指导，让我克服了重重困难，使论文最终顺利完成。写完论文后才发现，通过MBA的学习把自己十年来的工作做了很好的梳理，再经过一年多的写作，终于完成了《处方药零售这样做》的写作。

感谢在本书的写作过程中做出巨大贡献的阮红春、罗艳丰、王曼青，他们的本书提供了素材。感谢MBA的同学们，感谢耿洪武、鄢圣安、范月明、冯玉权、范云峰、杜萍、马宝琳、张波波、温益博等医药行业的精英们的学术贡献，相关的著作成了我的参考文献，虽然不能逐一对应，但是对你们的帮助表示诚挚地感谢。

感谢各微信平台、医药代表网、医药经济报、中国药店、赛博蓝、中康资讯等互联网相关的网络平台提供的行业快讯。

感谢我的公司，让我将 MBA 的理论与工作紧密结合。感谢我的同事，是你们为我提供了写作素材。他们分别是：王宏、王坤、邹亚平、李善伟、寇长旭、仲岚、张轩、马国强、周丽娟、殷凌峰、李闸龙、王海、张习春、夏鑫、陈宗敏、陈磊、陈学华、高伟、贾桂庆、屠根华、李斌、孙峻、文代艳、赵斯宏、王满、王会、从继伟、孟旭辉、仇艳红、涂杨、李世伟、洪江林、穆培彬、邹照为、田力君、石贵平、杨天生、包娣、徐洋；等等。

最后要感谢我的家人。感谢多年来养育我的父母，感谢我的妻子，是她的全力支持让我有了更多的学习和写作的时间，感谢你那么辛苦地照料儿子，感谢给我带来很多欢乐的儿子。

最后，感谢每一位读者，是你们的支持让我有了写作的动力，希望你们能够提出宝贵的意见和建议。因为是处女作，难免有不足之处，请多多指正。再一次向所有给予我帮助的人表达最诚挚的谢意！

推荐作者得新书!
博瑞森征稿启事

亲爱的读者朋友:

感谢您选择了博瑞森图书!希望您手中的这本书能给您带来实实在在的帮助!

博瑞森一直致力于发掘好作者、好内容,希望能把您最需要的思想、方法,一字一句地交到您手中,成为管理知识与管理实践的桥梁。

但是我们也知道,有很多深入企业一线、经验丰富、乐于分享的优秀专家,或者忙于实战没时间,或者缺少专业的写作指导和便捷的出版途径,只能茫然以待……

还有很多在竞争大潮中坚守的企业,有着异常宝贵的实践经验和独特的洞察,但缺少专业的记录和整理者,无法让企业的经验和故事被更多的人了解、学习……

对读者而言,这些都太遗憾了!

博瑞森非常希望能将这些埋藏的"宝藏"发掘出来,贡献给广大读者,让更多的人从中受益。

所以,我们真心地邀请您,我们的老读者,帮我们搜寻:

推荐作者

可以是您自己或您的朋友,只要对本土管理有实践、有思考;可以是您通过网络、杂志、书籍或其他途径了解的某位专家,不管名气大小,只要他的思想和方法曾让您深受启发。

可以是管理类作品,也可以超出管理,各类优秀的社科作品或学术作品。

推荐企业

可以是您自己所在的企业,或者是您熟悉的某家企业,其创业过程、运营经历、产品研发、机制创新,等等。无论企业大小,只要乐于分享、有值得借鉴书写之处。

总之,好内容就是一切!

博瑞森绝非"自费出书",出版费用完全由我们承担。您推荐的作者或企业案例一经采用,我们会立刻向您赠送书币1000元,可直接换取任何博瑞森图书的纸书或电子书。

感谢您对本土管理原创、博瑞森图书的支持!

推荐投稿邮箱:bookgood@126.com　　推荐手机:13611149991

1120 本土管理实践与创新论坛

这是由100多位本土管理专家联合创立的企业管理实践学术交流组织,旨在孵化本土管理思想、促进企业管理实践、加强专家间交流与协作。

论坛每年集中力量办好两件大事:第一,"**出一本书**",汇聚一年的思考和实践,把最原创、最前沿、最实战的内容集结成册,贡献给读者;第二,"**办一次会**",每年11月20日本土管理专家们汇聚一堂,碰撞思想、研讨案例、交流切磋、回馈社会。

论坛理事名单(以年龄为序,以示传承之意)

首届常务理事:

彭志雄	曾 伟	施 炜	杨 涛	张学军	郭 晓	程绍珊	胡八一
王祥伍	李志华	陈立云	杨永华				

理　　事:

张再林	卢根鑫	刘文瑞	王铁仁	周荣辉	罗 珉	房西苑	曾令同
黄民兴	陆和平	孟广桥	宋杼宸	张国祥	刘承元	叶兴平	曹子祥
宋新宇	吴越舟	吴 坚	杜建君	戴欣明	仲昭川	刘春雄	刘祖轲
张茂泽	段继东	陈立胜	梁 涛	何 慕	秦国伟	贺兵一	罗海容
张小虎	陈忠建	郭 剑	余晓雷	黄中强	朱玉童	沈 坤	阎立忠
张 进	丁兴良	朱仁健	薛宝峰	史贤龙	卢 强	史幼波	黄剑黎
叶敦明	王 涛	李文才	王 强	张远凤	陈 明	廖信琳	岑立聪
方 刚	何足奇	周 俊	杨 奕	孙行健	孙嘉晖	张东利	郭富才
叶 宁	何 屹	沈 奎	王明胤	王 超	马宝琳	谭长春	杨竣雄
夏惊鸣	张 博	段传敏	李洪道	胡浪球	孙 波	唐江华	程 翔
翟玉忠	刘红明	杨鸿贵	伯建新	高可为	李 蓓	王春强	孔祥云
戴 勇	贾同领	罗宏文	张兵武	史立臣	李政权	余 盛	陈小龙
尚 锋	邢 雷	余伟辉	李小勇	苗庆显	孙 巍	陈继展	全怀周
林延君	王清华	初勇钢	陈 锐	高继中	聂志新	黄 屹	沈 拓
徐伟泽	潦 寒	谭洪华	崔自三	王玉荣	蒋 军	侯军伟	黄润霖
朱伟杰	金国华	吴 之	葛新红	周 剑	崔海鹏	李治江	陈海超
柏 囊	唐道明	刘书生	朱志明	曲宗恺	杜 忠	黄渊明	王献永
范月明	吕 林	刘文新	赵晓萌	张 伟	韩 旭	韩友诚	熊亚柱
秦海林	孙彩军	刘 雷	贺小林	王庆云	黄 娜	俞士耀	田 军
丁 昀	张小峰	黄 磊	罗晓慧	赵海永	伏泓霖	任彭枞	梁小平
鄢圣安	马方旭	乐 涛	杨晓燕	欧阳莉华	陈 慧	张 璐	

企业案例·老板传记

	书名. 作者	内容/特色	读者价值
企业案例·老板传记	你不知道的加多宝:原市场部高管讲述 曲宗恺 牛玮娜 著	前加多宝高管解读加多宝	全景式解读,原汁原味
	借力咨询:德邦成长背后的秘密 官同良 王祥伍 著	讲述德邦是如何借助咨询公司的力量进行自身与发展的	来自德邦内部的第一线资料,真实、珍贵,令人受益匪浅
	娃哈哈区域标杆:豫北市场营销实录 罗宏文 赵晓萌 等著	本书从区域的角度来写娃哈哈河南分公司豫北市场是怎么进行区域市场营销,成为娃哈哈全国第一大市场、全国增量第一高市场的一些操作方法	参考性、指导性,一线真实资料
	六个核桃凭什么:从0过100亿 张学军 著	首部全面揭秘养元六个核桃裂变式成长的巨著	学习优秀企业的成长路径,了解其背后的理论体系
	像六个核桃一样:打造畅销品的36个简明法则 王超 范萍 著	本书分上下两篇:包括"六个核桃"的营销战略历程和36条畅销法则	知名企业的战略历程极具参考价值,36条法则提供操作方法
	解决方案营销实战案例 刘祖轲 著	用10个真案例讲明白什么是工业品的解决方案式营销,实战、实用	有干货,真正操作过的才能写得出来
	招招见销量的营销常识 刘文新 著	如何让每一个营销动作都直指销量	适合中小企业,看了就能用
	我们的营销真案例 联纵智达研究院 著	五芳斋粽子从区域到全国/诺贝尔瓷砖门店销量提升/利豪家具出口转内销/汤臣倍健的营销模式	选择的案例都很有代表性,实在、实操!
	中国营销战实录:令人拍案叫绝的营销真案例 联纵智达 著	51个案例,42家企业,38万字,18年、累计2000余人次参与……	最真实的营销案例,全是一线记录,开阔眼界
	双剑破局:沈坤营销策划案例集 沈坤 著	双剑公司多年来的精选案例解析集,阐述了项目策划中每一个营销策略的诞生过程,策划角度和方法	一线真实案例,与众不同的策划角度令人拍案叫绝、受益匪浅
	宗:一位制造业企业家的思考 杨涛 著	1993年创业,引领企业平稳发展20多年,分享独到的心得体会	难得的一本老板分享经验的书
	简单思考:AMT咨询创始人自述 孔祥云 著	著名咨询公司(AMT)的CEO创业历程中点点滴滴的经验与思考	每一位咨询人,每一位创业者和管理经营者,都值得一读
	边干边学做老板 黄中强 著	创业20多年的老板,有经验、能写、又愿意分享,这样的书很少	处处共鸣,帮助中小企业老板少走弯路
	三四线城市超市如何快速成长:解密甘雨亭 IBMG国际商业管理集团 著	国内外标杆企业的经验+本土实践量化数据+操作步骤、方法	通俗易懂,行业经验丰富,宝贵的行业量化数据,关键思路和步骤
	中国首家未来超市:解密安徽乐城 IBMG国际商业管理集团 著	本书深入挖掘了安徽乐城超市的试验案例,为零售企业未来的发展提供了一条可借鉴之路	通俗易懂,行业经验丰富,宝贵的行业量化数据,关键思路和步骤
互联网+	新营销 刘春雄 著	新营销的新框架体系是场景是产品逻辑,IP是品牌逻辑,社群是连接逻辑,传播是营销逻辑	助力品牌商实现由传统营销到新营销的理念和行动的跨越,助力企业打赢升级转型之仗
	企业微信营销全指导 孙巍 著	专门给企业看到的微信营销书,手把手教企业从小白到微信营销专家	企业想学微信营销现在还不晚,两眼一抹黑也不怕,有这本书就够
	企业网络营销这样做才对:B2B 大宗B2C 张进 著	简单直白拿来就用,各种窍门信手拈来,企业网络营销不麻烦也不用再头疼,一般人不告诉他	B2B、大宗B2C企业有福了,看了就能学会网络营销

续表

互联网+

	书名．作者	内容/特色	读者价值
互联网+	互联网时代的银行转型 韩友诚 著	以大量案例形式为读者全面展示和分析了银行的互联网金融转型应对之道	结合本土银行转型发展案例的书籍
	正在发生的转型升级·实践 本土管理实践与创新论坛 著	企业在快速变革期所展现出的管理变革新成果、新方法、新案例	重点突出对于未来企业管理相关领域的趋势研判
	触发需求：互联网新营销样本·水产 何足奇 著	传统产业都在苦闷中挣扎前行，本书通过鲜活的案例告诉你如何以需求链整合供应链，从而把大家熟知的传统行业打碎了重构、重做一遍	全是干货，值得细读学习，并且作者的理论已经经过了他亲自操刀的实践检验，效果惊人，就在书中全景展示
	移动互联新玩法：未来商业的格局和趋势 史贤龙 著	传统商业、电商、移动互联，三个世界并存，这种新格局的玩法一定要懂	看清热点的本质，把握行业先机，一本书搞定移动互联网
	微商生意经：真实再现33个成功案例操作全程 伏泓霖 罗晓慧 著	本书为33个真实案例，分享案例主人公在做微商过程中的经验教训	案例真实，有借鉴意义
	阿里巴巴实战运营——14招玩转诚信通 聂志新 著	本书主要介绍阿里巴巴诚信通的十四个基本推广操作，从而帮助使用诚信通的用户及企业更好地提升业绩	基本操作，很多可以边学边用，简单易学
	互联网精准营销：创造爆发式的商业价值 蒋军 著	怎么在互联网时代整体策划、包装品牌和产品，并在此基础上为企业设计商业模式，技术实现并运营落地	为有基础的小微企业(大企业的新项目)1年实现销售额过亿，2年对接资本，3年左右准IPO
	今后这样做品牌：移动互联时代的品牌营销策略 蒋军 著	与移动互联紧密结合，告诉你老方法还能不能用，新方法怎么用	今后这样做品牌就对了
	互联网+"变"与"不变"：本土管理实践与创新论坛集萃·2016 本土管理实践与创新论坛 著	本土管理领域正在产生自己独特的理论和模式，尤其在移动互联时代，有很多新课题需要本土专家们一起研究	帮助读者拓宽眼界、突破思维
	创造增量市场：传统企业互联网转型之道 刘红明 著	传统企业需要用互联网思维去创造增量，而不是用电子商务去转移传统业务的存量	教你怎么在"互联网+"的海洋中创造实实在在的增量
	重生战略：移动互联网和大数据时代的转型法则 沈拓 著	在移动互联网和大数据时代，传统企业转型如同生命体打算与再造，称之为"重生战略"	帮助企业认清移动互联网环境下的变化和应对之道
	画出公司的互联网进化路线图：用互联网思维重塑产品、客户和价值 李蓓 著	18个问题帮助企业一步步梳理出互联网转型思路	思路清晰、案例丰富，非常有启发性
	7个转变,让公司3年胜出 李蓓 著	消费者主权时代，企业该怎么办	这就是互联网思维，老板有能这样想，肯定倒不了
	跳出同质思维，从跟随到领先 郭剑 著	66个精彩案例剖析，帮助老板突破行业长期思维惯性	做企业竟然有这么多玩法，开眼界

续表

行业类:零售、白酒、食品/快消品、农业、医药、建材家居等			
	书名.作者	内容/特色	读者价值
零售·超市·餐饮·服装	总部有多强大,门店就能走多远 IBMG 国际商业管理集团 著	如何把总部做强,成为门店的坚实后盾	了解总部建设的方法与经验
	超市卖场定价策略与品类管理 IBMG 国际商业管理集团 著	超市定价策略与品类管理实操案例和方法	拿来就能用的理论和工具
	连锁零售企业招聘与培训破解之道 IBMG 国际商业管理集团 著	围绕零售企业组织架构、培训体系建设等内容进行深刻探讨	破解人才发现和培养瓶颈的关键点
	中国首家未来超市:解密安徽乐城 IBMG 国际商业管理集团 著	介绍了乐城作为中国首家未来超市从无到有的传奇经历	了解新型零售超市的运作方式及管理特色
	三四线城市超市如何快速成长:解密甘雨亭 IBMG 国际商业管理集团 著	揭秘一家三四线连锁超市的经验策略	不但可以欣赏它的优点,而且可以学会它成功的方法
	涨价也能卖到翻 村松达夫 【日】	提升客单价的 15 种实用、有效的方法	日本企业在这方面非常值得学习和借鉴
	移动互联下的超市升级 联商网专栏频道 著	深度解析超市转型升级重点	帮助零售企业把握全局、看清方向
	手把手教你做专业督导:专卖店、连锁店 熊亚柱 著	从督导的职能、作用,在工作中需要的专业技能、方法,都提供了详细的解读和训练办法,同时附有大量的表单工具	无论是店铺需要统一培训,还是个人想成为优秀的督导,有这一本就够了
	百货零售全渠道营销策略 陈继展 著	没有照本宣科、说教式的絮叨,只有笔者对行业的认知与理解,庖丁解牛式的逐项解析、展开	通俗易懂,花极少的时间快速掌握该领域的知识及趋势
	零售:把客流变成购买力 丁昀 著	如何通过不断升级产品和体验式服务来经营客流	如何进行体验营销,国外的好经营,这方面有启发
	餐饮企业经营策略第一书 吴坚 著	分别从产品、顾客、市场、盈利模式等几个方面,对现阶段餐饮企业的发展提出策略和思路	第一本专业的、高端的餐饮企业经营指导书
	电影院的下一个黄金十年:开发·差异化·案例 李保煜 著	对目前电影院市场存大的问题及如何解决进行了探讨与解读	多角度了解电影院运营方式及代表性案例
	赚不赚钱靠店长:从懂管理到会经营 孙彩军 著	通过生动的案例来进行剖析,注重门店管理细节方面的能力提升	帮助终端门店店长在管理门店的过程中实现经营思路的拓展与突破
耐消品	商用车经销商运营实战 杜建君 王朝阳 章晓青 等著	从管理到经营,从销售到服务,系统化运作全指导	为经销商经营开阔思路,掌握方法
	汽车配件这样卖:汽车后市场销售秘诀 100 条 俞士耀 著	汽配销售业务员必读,手把手教授最实用的方法,轻松得来好业绩	快速上岗,专业实效,业绩无忧
	跟行业老手学经销商开发与管理:家电、耐消品、建材家居 黄润霖 著	全部来源于经销商管理的一线问题,作者用丰富的经验将每一个问题落实到最便捷快速的操作方法上去	书中每一个问题都是普通营销人亲口提出的,这些问题你也会遇到,作者进行的解答则精彩实用

续表

分类	书名/作者	内容简介	推荐理由
白酒	酒水饮料快消品餐饮渠道营销手册 朱伟杰 著	主要针对快消品(酒水、饮料)的餐饮渠道,提供了区域、商圈不同业态的规划和促销安排等多种工具,并提出了经销商、批发商等相关人员的管理方法	一本酒水饮料如何在餐饮渠道销售的全能手册,内容深入翔实,可以直接照搬套用,这样的便利简直千金不换
	白酒到底如何卖 赵海永 著	以市场实战为主,多层次、全方位、多角度地阐释了白酒一线市场操作的最新模式和方法,接地气	实操性强,37个方法、6大案例帮你成功卖酒
	变局下的白酒企业重构 杨永华 著	帮助白酒企业从产业视角看清趋势,找准位置,实现弯道超车的书	行业内企业要减少90%,自己在什么位置,怎么做,都清楚了
	1. 白酒营销的第一本书(升级版) 2. 白酒经销商的第一本书 唐江华 著	华泽集团湖南开口笑公司品牌部长,擅长酒类新品推广、新市场拓展	扎根一线,实战
	区域型白酒企业营销必胜法则 朱志明 著	为区域型白酒企业提供35条必胜法则,在竞争中赢销的葵花宝典	丰富的一线经验和深厚积累,实操实用
	10步成功运作白酒区域市场 朱志明 著	白酒区域操盘者必备,掌握区域市场运作的战略、战术、兵法	在区域市场的攻伐防守中运筹帷幄,立于不败之地
	酒业转型大时代:微酒精选2014-2015 微酒 主编	本书分为五个部分:当年大事件、那些酒业营销工具、微酒独立策划、业内大调查和十大经典案例	了解行业新动态、新观点,学习营销方法
快消品·食品	中国快消品营销的这些年 史贤龙 著	作者精华文章的合集,一本书浓缩了过去十五年,中国营销的实战历程与前沿思考	快消品营销行业的案例和方法都原汁原味呈现,在反映当时风貌的同时,展望与反思
	营销中国茶:2小时读懂茶叶营销 史贤龙 著	从不同视角对中国的茶营销进行了思考,内容涉及中国茶产业战略困境、茶企规模化、茶品牌崛起、茶文化、茶营销、茶消费、茶零售、茶道等	内容丰富扎实,文字流畅,浓缩的都是精华,让你2小时读懂茶叶营销
	这样打造快消品标杆市场 罗宏文 著	帮助你解决如何成功打造标杆市场和进行持续增量管理两大问题	一套系统的方法论,通俗易懂,可以直接套用
	5小时读懂快消品营销:中国快消品案例观察 陈海超 著	多年营销经验的一线老手把案例掰开了、揉碎了,从中得出的各种手段和方法给读者以帮助和启发	营销那些事儿的个中秘辛,求人还不一定告诉你,这本书里就有
	快消品招商的第一本书:从入门到精通 刘雷 著	深入浅出,不说废话,有工具方法,通俗易懂	让零基础的招商新人快速学习书中最实用的招商技能,成长为骨干人才
	乳业营销第一书 侯军伟 著	对区域乳品企业生存发展关键性问题的梳理	唯一的区域乳品营销书,区域乳品企业一定要看
	食用油营销第一书 余盛 著	10多年油脂企业工作经验,从行业到具体实操	食用油行业第一书,当之无愧
	中国茶叶营销第一书 柏龑 著	如何跳出茶行业"大文化小产业"的困境,作者给出了自己的观察和思考	不是传统做茶的思路,而是现在商业做茶的思路
	调味品营销第一书 陈小龙 著	国内唯一一本调味品营销的书	唯一的调味品营销的书,调味品的从业者一定要看
	快消品营销人的第一本书:从入门到精通 刘雷 伯建新 著	快消行业必读书,从入门到专业	深入细致,易学易懂
	变局下的快消品营销实战策略 杨永华 著	通胀了,成本增加,如何从被动应变成主动的"系统战"	作者对快消品行业非常熟悉、非常实战

续表

分类	书名/作者	内容简介	特点
快消品·食品	快消品经销商如何快速做大 杨永华 著	本书完全从实战的角度,评述现象,解析误区,揭示原理,传授方法	为转型期的经销商提供了解决思路,指出了发展方向
	一位销售经理的工作心得 蒋军 著	一线营销管理人员想提升业绩却无从下手时,可以看看这本书	一线的真实感悟
	快消品营销:一位销售经理的工作心得2 蒋军 著	快消品、食品饮料营销的经验之谈,重点图书	来源与实战的精华总结
	快消品营销与渠道管理 谭长春 著	将快消品标杆企业渠道管理的经验和方法分享出来	可口可乐、华润的一些具体的渠道管理经验,实战
	成为优秀的快消品区域经理(升级版) 伯建新 著	用"怎么办"分析区域经理的工作关键点,增加30%全新内容,更贴近环境变化	可以作为区域经理的"速成催化器"
	销售轨迹:一位快消品营销总监的拼搏之路 秦国伟 著	本书讲述了一个普通销售员打拼成为跨国企业营销总监的真实奋斗历程	激励人心,给广大销售员以力量和鼓舞
	快消老手都在这样做:区域经理操盘锦囊 方刚 著	非常接地气,全是多年沉淀下来的干货,丰富的一线经验和实操方法不可多得	在市场摸爬滚打的"老油条",那些独家绝招妙招一般你问都问不来的
	动销四维:全程辅导与新品上市 高继中 著	从产品、渠道、促销和新品上市详细讲解提高动销的具体方法,总结作者18年的快消品行业经验,方法实操	内容全面系统,方法实操
农业	新农资如何换道超车 刘祖轲 等著	从农业产业化、互联网转型、行业营销与经营突破四个方面阐述如何让农资企业占领先机、提前布局	南方略专家告诉你如何应对资源浪费、生产效率低下、产能严重过剩、价格与价值严重扭曲等
	中国牧场管理实战:畜牧业、乳业必读 黄剑黎 著	本书不仅提供了来自一线的实际经验,还收入了丰富的工具文档与表单	填补空白的行业必读作品
	中小农业企业品牌战法 韩旭 著	将中小农业企业品牌建设的方法,从理论讲到实践,具有指导性	全面把握品牌规划,传播推广,落地执行的具体措施
	农资营销实战全指导 张博 著	农资如何向"深度营销"转型,从理论到实践进行系统剖析,经验资深	朴实、使用!不可多得的农资营销实战指导
	农产品营销第一书 胡浪球 著	从农业企业战略到市场开拓、营销、品牌、模式等	来源于实践中的思考,有启发
	变局下的农牧企业9大成长策略 彭志雄 著	食品安全、纵向延伸、横向联合、品牌建设……	唯一的农牧企业经营实操的书,农牧企业一定要看
医药	在中国,医药营销这样做:时代方略精选文集 段继东 主编	专注于医药营销咨询15年,将医药营销方法的精华文章合编,深入全面	可谓医药营销领域的顶尖著作,医药界读者的必读书
	医药新营销:制药企业、医药商业企业营销模式转型 史立臣 著	医药生产企业和商业企业在新环境下如何做营销?老方法还有没有用?如何寻找新方法?新方法怎么用?本书给你答案	内容非常现实接地气,踏实谈问题说方法
	医药企业转型升级战略 史立臣 著	药企转型升级有5大途径,并给出落地步骤及风险控制方法	实操性强,有作者个人经验总结及分析
	新医改下的医药营销与团队管理 史立臣 著	探讨新医改对医药行业的系列影响和医药团队管理	帮助理清思路,有一个框架
	医药营销与处方药学术推广 马宝琳 著	如何用医学策划把"平民产品"变成"明星产品"	有真货、讲真话的作者,堪称处方药营销的经典!
	医药行业大洗牌与药企创新 林延君 沈斌 著	一方面,围绕着变革,多角度阐述药企的应对之道;另一方面,紧扣实践,介绍近百家医药企业创新实践案例	医改变革10年,医药企业如何应对大洗牌?重磅出击的药企人必读书
	新医改了,药店就要这样开 尚锋 著	药店经营、管理、营销全攻略	有很强的实战性和可操作性

续表

医药	电商来了,实体药店如何突围 尚锋 著	电商崛起,药店该如何突围?本书从促销、会员服务、专业性、客单价等多重角度给出了指导方向	实战攻略,拿来就能用
	OTC医药代表药店销售36计 鄢圣安 著	以《三十六计》为线,写OTC医药代表向药店销售的一些技巧与策略	案例丰富,生动真实,实操性强
	OTC医药代表药店开发与维护 鄢圣安 著	要做到一名专业的医药代表,需要做什么、准备什么、知识储备、操作技巧等	医药代表药店拜访的指导手册,手把手教你快速上手
	引爆药店成交率1:店员导购实战 范月明 著	一本书解决药店导购所有难题	情景化、真实化、实战化
	引爆药店成交率2:经营落地实战 范月明 著	最接地气的经营方法全指导	揭示了药店经营的几类关键问题
	引爆药店成交率:专业化销售解决方案 范月明 著	药品搭配分析与关联销售	为药店人专业化助力
	处方药零售这样做 田军 著	阐述了处方药零售的重要性,以及做处方药零售市场的具体措施和方法	系统性了解和掌握处方药零售方法
建材家居	成为最赚钱的家具建材经销商 李治江 著	从销售模式、产品、门店等老板们最关注和最需要的方面解决问题、提供方法	只要你是建材、家具、家居用品的经销商老板,这就是一本必读的书
	家具行业操盘手 王献永 著	家具行业问题的终结者	解决了干家具还有没有前途?为什么同城多店的家具经销商很难做大做强等问题
	建材家居营销:除了促销还能做什么 孙嘉晖 著	一线老手的深度思考,告诉你在建材家居营销模式基本停滞的今天,除了促销,营销还能怎么做	给你的想法一场革命
	建材家居营销实务 程绍珊 杨鸿贵 主编	价值营销运用到建材家居,每一步都让客户增值	有自己的系统、实战
	家居建材门店6力爆破 贾同领 著	合盘道出一线品牌销量秘籍	6力招招见血,既有招数,又有策略
	建材家居门店销量提升 贾同领 著	店面选址、广告投放、推广助销、空间布局、生动展示、店面运营等	门店销量提升是一个系统工程,非常系统、实战
	10步成为最棒的建材家居门店店长 徐伟泽 著	实际方法易学易用,让员工能够迅速成长,成为独当一面的好店长	只要坚持这样干,一定能成为好店长
	手把手帮建材家居导购业绩倍增:成为顶尖的门店店员 熊亚柱 著	生动的表现形式,让普通人也能成为优秀的导购员,让门店业绩红	读着有趣,用着简单,一本在手、业绩无忧
	建材家居经销商实战42章经 王庆云 著	告诉经销商:老板怎么当,团队怎么带,生意怎么做	忠言逆耳,看着不舒服就对了,实战总结,用一招半式就值了
工业品	销售是门专业活:B2B、工业品 陆和平 著	销售流程就应该跟着客户的采购流程和关注点的变化向前推进,将一个完整的销售过程分成十个阶段,提供具体方法	销售不是请客吃饭拉关系,是个专业的活计!方法在手,走遍天下不愁
	解决方案营销实战案例 刘祖轲 著	用10个真案例讲明白什么是工业品的解决方案式营销,实战、实用	有干货,真正操作过的才能写得出来
	变局下的工业品企业7大机遇 叶敦明 著	产业链条的整合机会、盈利模式的复制机会、营销红利的机会、工业服务商转型机会……	工业品企业还可以这样做,思维大突破
	工业品市场部实战全指导 杜忠 著	工业品市场部经理工作内容全指导	系统、全面、有理论、有方法,帮助工业品市场部经理更快提升专业能力

续表

	书名．作者	内容/特色	读者价值
工业品	工业品营销管理实务 李洪道 著	中国特色工业品营销体系的全面深化、工业品营销管理体系优化升级	工具更实战,案例更鲜活,内容更深化
	工业品企业如何做品牌 张东利 著	为工业品企业提供最全面的品牌建设思路	有策略、有方法、有思路、有工具
	丁兴良讲工业4.0 丁兴良 著	没有枯燥的理论和说教,用朴实直白的语言告诉你工业4.0的全貌	工业4.0是什么?本书告诉你答案
	资深大客户经理:策略准,执行狠 叶敦明 著	从业务开发、发起攻势、关系培育、职业成长四个方面,详述了大客户营销的精髓	满满的全是干货
	一切都为了订单:订单驱动下的工业品营销实战 唐道明 著	其实,所有的企业都在围绕着两个字在开展全部的经营和管理工作,那就是"订单"	开发订单、满足订单、扩大订单。本书全是实操方法,字字珠玑、句句干货,教你获得营销的胜利
金融	交易心理分析 (美)马克·道格拉斯 著 刘真如 译	作者一语道破赢家的思考方式,并提供了具体的训练方法	不愧是投资心理的第一书,绝对经典
	精品银行管理之道 崔海鹏 何屹 主编	中小银行转型的实战经验总结	中小银行的教材很多,实战类的书很少,可以看看
	支付战争 Eric M. Jackson 著 徐彬 王晓 译	PayPal创业期营销官,亲身讲述PayPal从诞生到壮大到成功出售的整个历史	激烈、有趣的内幕商战故事!了解美国支付市场的风云巨变
	中外并购名著专业阅读指南 叶兴平 等著	在5000多本并购类图书中精选的200著作,在阅读的基础上写的读书评价	精挑细选200本并一一评介,省去读者挑选的烦恼,快捷、高效
	互联网时代的银行转型 韩友诚 著	以大量案例形式为读者全面展示和分析了银行的互联网金融转型应对之道	结合本土银行转型发展案例的书籍
房地产	产业园区/产业地产规划、招商、运营实战 阎立忠 著	目前中国第一本系统解读产业园区和产业地产建设运营的实战宝典	从认知、策划、招商到运营全面了解地产策划
	人文商业地产策划 戴欣明 著	城市与商业地产战略定位的关键是不可复制性,要发现独一无二的"味道"	突破千城一面的策划困局
	电影院的下一个黄金十年:开发·差异化·案例 李保煜 著	对目前电影院市场存大的问题及如何解决进行了探讨与解读	多角度了解电影院运营方式及代表性案例
能源	全能型班组:城市能源互联网与电力班组升级 国网天津市电力公司 编著	借鉴国内外优秀企业的转型升级思路,通过对于新型班组组织模式和运行机制的大胆设想,力图构建充分适应内外环境变化的全能型班组	看看庞大的国企在新环境下是如何顺应时代的
	国网天津电力全能型班组建设实务 国网天津市电力公司 编著	本书聚焦于天津电力公司在探索全能型班组转型升级时的优秀实践	电力行业的班组实践,具体、可操作性强

经营类:企业如何赚钱,如何抓机会,如何突破,如何"开源"

	书名．作者	内容/特色	读者价值
抓方向	让经营回归简单．升级版 宋新宇 著	化繁为简抓住经营本质:战略、客户、产品、员工、成长	经典,做企业就这几个关键点!
	混沌与秩序Ⅰ:变革时代企业领先之道 混沌与秩序Ⅱ:变革时代管理新思维 彭剑锋 尚艳玲 主编	汇集华夏基石专家团队10年来研究成果,集中选择了其中的精华文章编纂成册	作者都是既有深厚理论积淀又有实践经验的重磅专家,为中国企业和企业家的未来提出了高屋建瓴的观点
	活系统:跟任正非学当老板 孙行健 尹贤 著	以任正非的独到视角,教企业老板如何经营公司	看透公司经营本质,激活企业活力

续表

抓方向	重构:快消品企业重生之道 杨永华 著	从7个角度,帮助企业实现系统性的改造	提供转型思想与方法,值得参考
	公司由小到大要过哪些坎 卢强 著	老板手里的一张"企业成长路线图"	现在我在哪儿,未来还要走哪些路,都清楚了
	企业二次创业成功路线图 夏惊鸣 著	企业曾经抓住机会成功了,但下一步该怎么办?	企业怎样获得第二次成功,心里有个大框架了
	老板经理人双赢之道 陈明 著	经理人怎养选平台、怎么开局,老板怎样选/育/用/留	老板生闷气,经理人牢骚大,这次知道该怎么办了
	简单思考:AMT咨询创始人自述 孔祥云 著	著名咨询公司(AMT)的CEO创业历程中点点滴滴的经验与思考	每一位咨询人,每一位创业者和管理经营者,都值得一读
	企业文化的逻辑 王祥伍 黄健江 著	为什么企业绩效如此不同,解开绩效背后的文化密码	少有的深刻,有品质,读起来很流畅
	使命驱动企业成长 高可为 著	钱能让一个人今天努力,使命能让一群人长期努力	对于想做事业的人,'使命'是绕不过去的
思维突破	盈利原本就这么简单 高可为 著	从财务的角度揭示企业盈利的秘密	多方面解读商业模式与盈利的关系,通俗易懂,受益匪浅
	移动互联新玩法:未来商业的格局和趋势 史贤龙 著	传统商业、电商、移动互联,三个世界并存,这种新格局的玩法一定要懂	看清热点的本质,把握行业先机,一本书搞定移动互联网
	画出公司的互联网进化路线图:用互联网思维重塑产品、客户和价值 李蓓 著	18个问题帮助企业一步步梳理出互联网转型思路	思路清晰、案例丰富,非常有启发性
	重生战略:移动互联网和大数据时代的转型法则 沈拓 著	在移动互联网和大数据时代,传统企业转型面临生命体打算与再造,称之为"重生战略"	帮助企业认清移动互联网环境下的变化和应对之道
	创造增量市场:传统企业互联网之道 刘红明 著	传统企业需要用互联网思维去创造增量,而不是用电子商务去转移传统业务的存量	教你怎么在"互联网+"的海洋中创造实实在在的增量
	7个转变,让公司3年胜出 李蓓 著	消费者主权时代,企业该怎么办	这就是互联网思维,老板有能这样想,肯定倒不了
	跳出同质思维,从跟随到领先 郭剑 著	66个精彩案例剖析,帮助老板突破行业长期思维惯性	做企业竟然有这么多玩法,开眼界
	麻烦就是需求 难题就是商机 卢根鑫 著	如何借助客户的眼睛发现商机	什么是真商机,怎么判断、怎么抓,有借鉴
	互联网+"变"与"不变":本土管理实践与创新论坛集萃·2016 本土管理实践与创新论坛 著	加速本土管理思想的孕育诞生,促进本土管理创新成果更好地服务企业、贡献社会	各个作者本年度最新思想,帮助读者拓宽眼界、突破思维
	消费升级:实践 研究(文集) 本土管理实践与创新论坛 著	38位管理专家及7位学者的精华思想,从经营、管理、行业及思想研究四个方面阐述中国企业在消费升级下的实践与研究	思想启发,行业借鉴
财务	写给企业家的公司与家庭财务规划——从创业成功到富足退休 周荣辉 著	本书以企业的发展周期为主线,写各阶段企业与企业主家庭的财务规划	为读者处理人生各阶段企业与家庭的财务问题提供建议及方法,让家庭成员真正享受财富带来的益处
	互联网时代的成本观 程翔 著	本书结合互联网时代提出了成本的多维观,揭示了多维组合成本的互联网精神和大数据特征,论述了其产生背景、实现思路和应用价值	在传统成本观下为盈利的业务,在新环境下也许就成为亏损业务。帮助管理者从新的角度来看待成本,进一步做好精益管理

续表

	书名．作者	内容/特色	读者价值
财务	财报背后的投资机会 蒋豹 著	以具体的公司案例分析,教你迅速看出财务报表与企业经营的关系、所反映的企业经营现状,从而找到投资机会	前四大会计所员工为读者解密财报,发现投资机会

管理类:效率如何提升,如何实现经营目标,如何"节流"

	书名．作者	内容/特色	读者价值
通用管理	让管理回归简单·升级版 宋新宇 著	从目标、组织、决策、授权、人才和老板自己层面教你怎样做管理	帮助管理抓住管理的要害,让管理变得简单
	让经营回归简单·升级版 宋新宇 著	从战略、客户、产品、员工、成长、经营者自身等七个方面,归纳总结出简单有效的经营法则	总结出的真正优秀企业的成功之道:简单
	让用人回归简单 宋新宇 著	从用人的原则、用人的难题与误区、用人的方法和用人者的修炼四大方面,总结出适合中小企业做好人才管理工作的法则	帮助管理者抓住用人的要害,让用人变得简单
	历史深处的管理智慧1:组织建设与用人之道 刘文瑞 著	对历史之典故、政事、人事、政制进行管理解析,鉴照企业人才的选用育留	推动理论与实践的对接,实现理性与情感的渗透,用中国话语说明管理智慧
	历史深处的管理智慧2:战略决策与经营运作 刘文瑞 著	对历史之典故、政事、人事、政制进行管理解析,鉴照企业战略设计与经营实践	推动理论与实践的对接,实现理性与情感的渗透,用中国话语说明管理智慧
	历史深处的管理智慧3:领导修炼与文化素养 刘文瑞 著	对历史之典故、政事、人事、政制进行管理解析,鉴照企业领导职业能力提升与文化修养	推动理论与实践的对接,实现理性与情感的渗透,用中国话语说明管理智慧
	管理的尺度 刘文瑞 著	对管理中的种种普遍性问题进行了批评	提高把握管理尺度的能力
	管理学在中国 刘文瑞 著	系统性介绍了管理学在中国的发展和演变	了解管理学在中国的发展脉络,更清晰理解管理学的本质
	看电影,懂管理 刘文瑞 著	16部经典电影,带你感悟管理智慧	能够帮助读者放松身心,驰骋想象,在不知不觉中增长智慧
	管理:以规则驾驭人性 王春强 著	详细解读企业规则的制定方法	从人与人博弈角度提升管理的有效性
	员工心理学超级漫画版 邢雷 著	以漫画的形式深度剖析员工心理	帮助管理者更了解员工,从而更轻松地管理员工
	老板有想法,高层有干法:企业中的将帅之道 王清华 著	深入剖析老板与高管的异同	各司其职,各行其是,相辅相成
	分股合心:股权激励这样做 段磊 周剑 著	通过丰富的案例,详细介绍了股权激励的知识和实行方法	内容丰富全面、易读易懂,了解股权激励,有这一本就够了
	边干边学做老板 黄中强 著	创业20多年的老板,有经验、能写、又愿意分享,这样的书很少	处处共鸣,帮助中小企业老板少走弯路
	成为敏感而体贴的公司 王涛 著	本书为作者对企业的观察和冥想的随笔记录。从生活中的一个现象入手,进而探索现象背后的本质	从全新角度认识公司
	中国企业的觉醒:正直 善良 成长 王涛 著	围绕着企业人如何发生转化展开,对中国人、中国文化及由此导致的企业现状的观察和思考	企业除了要利润,还需要道德
	有意识的思考:轻松化解问题的7个思考习惯 王涛 著	本书是对思想、思考过程、思考方式进行的细致观察	养成好的思考习惯,更深刻地看问题
	中国式阿米巴落地实践之从交付到交易 胡八一 著	本书主要讲述阿米巴经营会计,"从交付到交易",这是成功实施了阿米巴的标志	阿米巴经营会计的工作是有逻辑关联的,一本书就能搞定

续表

通用管理	中国式阿米巴落地实践之激活组织 胡八一 著	重点讲解如何科学划分阿米巴单元,阐述划分的实操要领、思路、方法、技术与工具	最大限度减少"推行风险"和"摸索成本",利于公司成功搭建适合自身的个性化阿米巴经营体系
	中国式阿米巴落地实践之持续盈利 胡八一 著	把企业做成平台,企业才能做大(格局);把平台做成阿米巴,企业才能做强(专业);把阿米巴做成合伙制,企业才能做久(机制)	中国式阿米巴落地实践三部曲的最后一部,告诉你企业如何做大做强做久
	集团化企业阿米巴实战案例 初勇钢 著	一家集团化企业阿米巴实施案例	指导集团化企业系统实施阿米巴
	阿米巴经营的中国模式 李志华 著	让员工从"要我干"到"我要干",价值量化出来	阿米巴在企业如何落地,明白思路了
	欧博心法:好管理靠修行 曾伟 著	用佛家的智慧,深刻剖析管理问题,见解独到	如果真的有'中国式管理',曾老师是其中标志性人物
	领导这样点燃你的下属 孟广桥 著	领导者如何才能让员工积极主动地工作?如何让你的员工和下属保持工作的热情,自动自发?看了这本书就知道	只要你希望手下的"兵将"永远充满工作的斗志,这本书将使你获益良多
流程管理	1. 用流程解放管理者 2. 用流程解放管理者2 张国祥 著	中小企业阅读的流程管理、企业规范化的书	通俗易懂,理论和实践的结合恰到好处
	跟我们学建流程体系 陈立云 著	畅销书《跟我们学做流程管理》系列,更实操,更细致,更深入	更多地分享实践,分享感悟,从实践总结出来的方法论
	人人都要懂流程 金国华 余雅丽 著	当前各企业流程管理方面最为典型的痛点现象及问题案例	通俗易懂,适合企业全员阅读
质量管理	IATF16949 质量管理体系详解与案例文件汇编:TS16949转版 IATF16949:2016 谭洪华 著	针对IATF的新标准做了详细的解说,同时指出了一些推行中容易犯的错误,提供了大量的表单、案例	案例、表单丰富,拿来就用
	五大质量工具详解及运用案例:APQP/FMEA/PPAP/MSA/SPC 谭洪华 著	对制造业必备的五大质量工具中每个文件的制作要求、注意事项、制作流程、成功案例等进行了解读	通俗易懂、简便易行,能真正实现学以致用
	ISO9001:2015 新版质量管理体系详解与案例文件汇编 谭洪华 著	紧密围绕2015年新版质量管理体系文件逐条详细解读,并提供可以直接套用的案例工具,易学易上手	企业质量管理认证、内审必备
	ISO14001:2015 新版环境管理体系详解与案例文件汇编 谭洪华 著	紧密围绕2015年新版环境管理体系文件逐条详细解读,并提供可以直接套用的案例工具,易学易上手	企业环境管理认证、内审必备
	SA8000:2014 社会责任管理体系认证实战 吕林 著	作者根据自己的操作经验,按认证的流程,以相关案例进行说明SA8000认证体系	简单,实操性强,拿来就能用
	精益质量管理实战工具 贺小林 著	制造类企业日常工作中所需要的精益管理工具的归纳整理,并进行案例操作的细致分析	可以直接参考,实际解决生产中的具体问题
战略落地	重生——中国企业的战略转型 施炜 著	从前瞻和适用的角度,对中国企业战略转型的方向、路径及策略性举措提出了一些概要性的建议和意见	对企业有战略指导意义
	公司大了怎么管:从靠英雄到靠组织 AMT 金国华 著	第一次详尽阐释中国快速成长型企业的特点、问题及解决之道	帮助快速成长企业领导及管理团队理清思路,突破瓶颈

续表

分类	书名/作者	内容简介	推荐理由
战略落地	低效会议怎么改:每年节省一半会议成本的秘密 AMT 王玉荣 著	教你如何系统规划公司的各级会议,一本工具书	教会你科学管理会议的办法
	年初订计划,年尾有结果:战略落地七步成诗 AMT 郭晓 著	7个步骤教会你怎么让公司制定的战略转变为行动	系统规划,有效指导计划实现
人力资源	HRBP是这样炼成的之"菜鸟起飞" 新 海 著	以小说的形式,具体解析HRBP的职责,应该如何操作,如何为业务服务	实践者的经验分享,内容实务具体,形式有趣
	HRBP是这样炼成的之中级修炼 新 海 著	本书以案例故事的方式,介绍了HRBP在实际工作中碰到的问题和挑战	书中的HR解决方案讲究因时因地制宜、简单有效的原则,重在启发读者思路,可供各类企业HRBP借鉴
	HRBP是这样炼成的之高级修炼 新 海 著	以故事的形式,展现了HRBP工作者在职业发展路上的层层深入和递进	为读者提供HRBP在实际工作中遇到种种问题的解决方案
	把面试做到极致:首席面试官的人才甄选法 孟广桥 著	作者用自己几十年的人力资源经验总结出的一套实用的确定岗位招聘标准、提升面试官技能素质的简便方法	面试官必备,没有空泛理论,只有巧妙的实操技能
	人力资源体系与e-HR信息化建设 刘书生 陈 莹 王美佳 著	将作者经历的人力资源管理变革、人力资源管理信息化咨询项目方法论、工具和成果全面展现给读者,使大家能够将其快速应用到管理实践中	系统性非常强,没有废话,全部是浓缩的干货
	回归本源看绩效 孙 波 著	让绩效回顾"改进工具"的本源,真正为企业所用	确实是来源于实践的思考,有共鸣
	世界500强资深培训经理人教你做培训管理 陈 锐 著	从7大角度具体细致地讲解了培训管理的核心内容	专业、实用、接地气
	曹子祥教你做激励性薪酬设计 曹子祥 著	以激励性为指导,系统性地介绍了薪酬体系及关键岗位的薪酬设计模式	深入浅出,一本书学会薪酬设计
	曹子祥教你做绩效管理 曹子祥 著	复杂的理论通俗化,专业的知识简单化,企业绩效管理共性问题的解决方案	轻松掌握绩效管理
	把招聘做到极致 远 鸣 著	作为世界500强高级招聘经理,作者数十年招聘经验的总结分享	带来职场思考境界的提升和具体招聘方法的学习
	人才评价中心·超级漫画版 邢 雷 著	专业的主题,漫画的形式,只此一本	没想到一本专业的书,能写成这效果
	走出薪酬管理误区 全怀周 著	剖析薪酬管理的8大误区,真正发挥好枢纽作用	值得企业深读的实用教案
	集团化人力资源管理实践 李小勇 著	对搭建集团化的企业很有帮助,务实,实用	最大的亮点不是理论,而是结合实际的深入剖析
	我的人力资源咨询笔记 张 伟 著	管理咨询师的视角,思考企业的HR管理	通过咨询师的眼睛对比很多企业,有启发
	本土化人力资源管理8大思维 周 剑 著	成熟HR理论,在本土中小企业实践中的探索和思考	对企业的现实困境有真切体会,有启发

续表

分类	书名/作者	内容简介	推荐语
企业文化	36个拿来就用的企业文化建设工具 海融心胜　主编	数十个工具，为了方便拿来就用，每一个工具都严格按照工具属性、操作方法、案例解读划分，实用、好用	企业文化工作者的案头必备书，方法都在里面，简单易操作
	企业文化建设超级漫画版 邢雷　著	以漫画的形式系统教你企业文化建设方法	轻松易懂好操作
	华夏基石方法：企业文化落地本土实践 王祥伍　谭俊峰　著	十年积累、原创方法、一线资料，和盘托出	在文化落地方面真正有洞察，有实操价值的书
	企业文化的逻辑 王祥伍　著	为什么企业之间如此不同，解开绩效背后的文化密码	少有的深刻，有品质，读起来很流畅
	企业文化激活沟通 宋柠宸　安琪　著	透过新任HR总经理的眼睛，揭示出沟通与企业文化的关系	有实际指导作用的文化落地读本
	在组织中绽放自我：从专业化到职业化 朱仁健　王祥伍　著	个人如何融入组织，组织如何助力个人成长	帮助企业员工快速认同并投入到组织中去，为企业发展贡献力量
	企业文化定位·落地一本通 王明胤　著	把高深枯燥的专业理论创建成一套系统化、实操化、简单化的企业文化缔造方法	对企业文化不了解，不会做？有这一本从概念到实操，就够了
生产管理	精益思维：中国精益如何落地 刘承元　著	笔者二十余年企业经营和咨询管理的经验总结	中国企业需要灵活运用精益思维，推动经营要素与管理机制的有机结合，推动企业管理向前发展
	300张现场图看懂精益5S管理 乐涛　编著	5S现场实操详解	案例图解，易懂易学
	高员工流失率下的精益生产 余伟辉　著	中国的精益生产必须面对和解决高员工流失率问题	确实来源于本土的工厂车间，很务实
	车间人员管理那些事儿 岑立聪　著	车间人员管理中处理各种"疑难杂症"的经验和方法	基层车间管理者最闹心、头疼的事，'打包'解决
	1. 欧博心法：好管理靠修行 2. 欧博心法：好工厂这样管 曾伟　著	他是本土最大的制造业管理咨询机构创始人，他从400多个项目、上万家企业实践中锤炼出的欧博心法	中小制造型企业，一定会有很强的共鸣
	欧博工厂案例1：生产计划管控对话录 欧博工厂案例2：品质技术改善对话录 欧博工厂案例3：员工执行力提升对话录 曾伟　著	最典型的问题、最详尽的解析，工厂管理9大问题27个经典案例	没想到说得这么细，超出想象，案例很典型，照搬都可以了
	工厂管理实战工具 欧博企管　编著	以传统文化为核心的管理工具	适合中国工厂
	苦中得乐：管理者的第一堂必修课 曾伟　编著	曾伟与师傅大愿法师的对话，佛学与管理实践的碰撞，管理禅的修行之道	用佛学最高智慧看透管理
	比日本工厂更高效1：管理提升无极限 刘承元　著	指出制造型企业管理的六大积弊；颠覆流行的错误认知；掌握精益管理的精髓	每一个企业都有自己不同的问题，管理没有一剑封喉的秘笈，要从现场、现物、现实出发
	比日本工厂更高效2：超强经营力 刘承元　著	企业要获得持续盈利，就要开源和节流，即实现销售最大化，费用最小化	掌握提升工厂效率的全新方法

续表

生产管理	比日本工厂更高效3：精益改善力的成功实践 刘承元 著	工厂全面改善系统有其独特的目的取向特征，着眼于企业经营体质（持续竞争力）的建设与提升	用持续改善力来飞速提升工厂的效率，高效率能够带来意想不到的高效益
	3A顾问精益实践1：IE与效率提升 党新民 苏迎斌 蓝旭日 著	系统的阐述了IE技术的来龙去脉以及操作方法	使员工与企业持续获利
	3A顾问精益实践2：JIT与精益改善 肖志军 党新民 著	只在需要的时候，按需要的量，生产所需的产品	提升工厂效率
	手把手教你做专业的生产经理 黄娜 著	物流、信息流、资金流，让生产经理管理有抓手	从菜鸟到能把控全局
员工素质提升	TTT培训师精进三部曲（上）：深度改善现场培训效果 廖信琳 著	现场把控不用慌，这里有妙招一用就灵	课程现场无论遇到什么样的情况都能游刃有余
	TTT培训师精进三部曲（中）：构建最有价值的课程内容 廖信琳 著	这样做课程内容，学员有收获培训师也有收获	优质的课程内容是树立个人品牌的保证
	TTT培训师精进三部曲（下）：职业功力沉淀与修为提升 廖信琳 著	从内而外提升自己，职业的道路一帆风顺	走上职业TTT内训师的康庄大道
	培训师，如何让你的事业长青：自我管理的10项法则 廖信琳 著	建立了一套完整的培训师自我管理体系，为培训师的职业成长与发展提供有益的指引	培训师如何在自己的职业道路上越走越高，事业长青，一直有所收获与成长？本书将给你答案
	管理咨询师的第一本书：百万年薪 千万身价 熊亚柱 著	从问题出发，发现问题、分析问题、解决问题，让两眼一抹黑的新人快速成长	管理咨询师初入职场，让这本书开启百万年薪之路
	手把手教你做专业督导：专卖店、连锁店 熊亚柱 著	从督导的职能、作用，在工作中需要的专业技能、方法，都提供了详细的解读和训练办法，同时附有大量的表单工具	无论是店铺需要统一培训，还是个人想成为优秀的督导，有这一本就够了
	跟老板"偷师"学创业 吴江萍 余晓雷 著	边学边干，边观察边成长，你也可以当老板	不同于其他类型的创业书，让你在工作中积累创业经验，一举成功
	销售轨迹：一位快消品营销总监的拼搏之路 秦国伟 著	本书讲述了一个普通销售员打拼成为跨国企业营销总监的真实奋斗历程	激励人心，给广大销售员以力量和鼓舞
	在组织中绽放自我：从专业化到职业化 朱仁健 王祥伍 著	个人如何融入组织，组织如何助力个人成长	帮助企业员工快速认同并投入到组织中去，为企业发展贡献力量
	企业员工弟子规：用心做小事，成就大事业 贾同领 著	从传统文化《弟子规》中学习企业中为人处事的办法，从自身做起	点滴小事，修养自身，从自身的改善得到事业的提升
	手把手教你做顶尖企业内训师：TTT培训师宝典 熊亚柱 著	从课程研发到现场把控、个人提升都有涉及，易读易懂，内容丰富全面	想要做企业内训师的员工有福了，本书教你如何抓住关键，从入门到精通
	客诉处理金手指：客户投诉的应对与管理 孟广桥 著	立足于投诉处理的实践，剖析了不同投诉者投诉的特点和应对措施，并提供各种技巧方法、赢得客户信赖所需培养的品质修炼、处理投诉应掌握的法律法规等工具	是投诉处理人员适应岗位职能需要、提升工作技能的良师益友，是企业变诉为金、培养业务骨干的法宝

续表

营销类：把客户需求融入企业各环节，提供"客户认为"有价值的东西

分类	书名·作者	内容/特色	读者价值
营销模式	精品营销战略 杜建君 著	以精品理念为核心的精益战略和营销策略	用精品思维赢得高端市场
	变局下的营销模式升级 程绍珊 叶宁 著	客户驱动模式、技术驱动模式、资源驱动模式	很多行业的营销模式被颠覆，调整的思路有了！
	卖轮子 科克斯【美】	小说版的营销学！营销理念巧妙贯穿其中，贵在既有趣，又有深度	经典、有趣！一个故事读懂营销精髓
	动销操盘：节奏掌控与社群时代新战法 朱志明 著	在社群时代把握好产品生产销售的节奏，解析动销的症结，寻找动销的规律与方法	都是易读易懂的干货！对动销方法的全面解析和操盘
	弱势品牌如何做营销 李政权 著	中小企业虽有品牌但没名气，营销照样做的有声有色	没有丰富的实操经验，写不出这么具体、详实的案例和步骤，很有启发
	老板如何管营销 史贤龙 著	高段位营销16招，好学好用	老板能看，营销人也能看
	洞察人性的营销战术：沈坤教你28式 沈坤 著	28个匪夷所思的营销怪招令人拍案叫绝，涉及商业竞争的方方面面，大部分战术可以直接应用到企业营销中	各种谋略得益于作者的横向思维方式，将其操作过的案例结合其中，提供的战术对读者有参考价值
	动销：产品是如何畅销起来的 吴江萍 余晓雷 著	真真切切告诉你，产品究竟怎么才能卖出去	击中痛点，提供方法，你值得拥有
	1000铁杆女粉丝 张兵武 著	连接是女性与生俱来的特质。能善用连接的营销人员，就像拿到打开女性荷包的钥匙	重新认识女性的传播力量
	360°谈营销：一位营销咨询师20年实战洞察 王清华 古怀亮 著	各个角度，全方位，多视点剥营销	思路单一，此书帮你破
	营销按钮：扣动一触即发的力量 老苗 著	提供各种奇形怪状的营销武器	一定会带给你不一样的思维震撼
销售	资深大客户经理：策略准，执行狠 叶敦明 著	从业务开发、发起攻势、关系培育、职业成长四个方面，详述了大客户营销的精髓	满满的全是干货
	成为资深的销售经理：B2B、工业品 陆和平 著	围绕"销售管理的六个关键控制点"——展开，提供销售管理的专业、高效方法	方法和技术接地气，拿来就用，从销售员成长为经理不再犯难
	销售是门专业活：B2B、工业品 陆和平 著	销售流程就应该跟着客户的采购流程和关注点的变化向前推进，将一个完整的销售过程分成十个阶段，提供具体方法	销售不是请客吃饭拉关系，是个专业的活计！方法在手，走遍天下不愁
	向高层销售：与决策者有效打交道 贺兵一 著	一套完整有效的销售策略	有工具，有方法，有案例，通俗易懂
	卖轮子 科克斯【美】	小说版的营销学！营销理念巧妙贯穿其中，贵在既有趣，又有深度	经典、有趣！一个故事读懂营销精髓
	学话术 卖产品 张小虎 著	分析常见的顾客异议，将优秀的话术模块化	让普通导购员也能成为销售精英
组织和团队	升级你的营销组织 程绍珊 吴越舟 著	用"有机性"的营销组织替代"营销能人"，营销团队变成"铁营盘"	营销队伍最难管，程老师不愧是营销第1操盘手，步骤方法都很成熟
	用数字解放营销人 黄润霖 著	通过量化帮助营销人员提高工作效率	作者很用心，很好的常备工具书

续表

分类	书名/作者	内容简介	特点
组织和团队	成为优秀的快消品区域经理（升级版） 伯建新 著	用"怎么办"分析区域经理的工作关键点，增加30%全新内容，更贴近环境变化	可以作为区域经理的"速成催化器"
	成为资深的销售经理：B2B、工业品 陆和平 著	围绕"销售管理的六个关键控制点"一一展开，提供销售管理的专业、高效方法	方法和技术接地气，拿来就用，从销售员成长为经理不再犯难
	一位销售经理的工作心得 蒋军 著	一线营销管理人员想提升业绩却无从下手时，可以看看这本书	一线的真实感悟
	快消品营销：一位销售经理的工作心得2 蒋军 著	快消品、食品饮料营销的经验之谈，重点突出	来源于实战的精华总结
	销售轨迹：一位快消品营销总监的拼搏之路 秦国伟 著	本书讲述了一个普通销售员打拼成为跨国企业营销总监的真实奋斗历程	激励人心，给广大销售员以力量和鼓舞
	用营销计划锁定胜局：用数字解放营销人2 黄润霖 著	全方位教你怎么做好营销计划，好学好用真简单	照搬套用就行，做营销计划再也不头痛
	快消品营销人的第一本书：从入门到精通 刘雷 伯建新 著	快消行业必读书，从入门到专业	深入细致，易学易懂
产品	产品开发管理方法·流程·工具：从作坊式到规范化 任彭枞 著	产品研发管理体系全指导	既有工具，又能开拓思路
	新产品开发管理，就用IPD（升级版） 郭富才 著	10年IPD研发管理咨询总结，国内首部IPD专业著作	一本书掌握IPD管理精髓
	这样打造大单品：案例 策略 方法 迪智成咨询团队 著	囊括十三个不同行业、企业的实际案例，从不同角度详细剖析、总结了这些品牌厂家打造大单品的成功经验或者失败教训	厘清大单品打造的策划与路径，得出持续经营的思路与方法
	资深项目经理这样做新产品开发管理 秦海林 著	以IPD为思想，系统讲解新产品开管理的细节	提供管理思路和实用工具
	产品炼金术Ⅰ：如何打造畅销产品 史贤龙 著	满足不同阶段、不同体量、不同行业企业对产品的完整需求	必须具备的思维和方法，避免在产品问题上走弯路
	产品炼金术Ⅱ：如何用产品驱动企业成长 史贤龙 著	做好产品、关注产品的品质，就是企业成功的第一步	必须具备的思维和方法，避免在产品问题上走弯路
品牌	中小企业如何建品牌 梁小平 著	中小企业建品牌的入门读本，通俗、易懂	对建品牌有了一个整体框架
	采纳方法：破解本土营销8大难题 朱玉童 编著	全面、系统、案例丰富、图文并茂	希望在品牌营销方面有所突破的人，应该看看
	中国品牌营销十三战法 朱玉童 编著	采纳20年来的品牌策划方法，同时配有大量的案例	众包方式写作，丰富案例给人启发，极具价值
	今后这样做品牌：移动互联时代的品牌营销策略 蒋军 著	与移动互联紧密结合，告诉你老方法还能不能用，新方法怎么用	今后这样做品牌就对了
	中小企业如何打造区域强势品牌 吴之 著	帮助区域的中小企业打造自身品牌，如何在强壮自身的基础上往外拓展	梳理误区，系统思考品牌问题，切实符合中小区域品牌的自身特点进行阐述
渠道通路	深度分销：掌控渠道价值链 施炜 著	制造商通过掌控渠道价值链，将管理触角延伸至零售层面及顾客现场，对市场根部精耕细作，从而挖掘需求，构筑区域市场尤其是三四级市场的竞争壁垒	深度分销是中国企业对世界营销的独特贡献。实践证明，互联网时代深度分销仍有生命力
	快消品营销与渠道管理 谭长春 著	将快消品标杆企业渠道管理的经验和方法分享出来	可口可乐、华润的一些具体的渠道管理经验，实战

续表

	书名·作者	内容/特色	读者价值
渠道通路	传统行业如何用网络拿订单 张进 著	给老板看的第一本网络营销书	适合不懂网络技术的经营决策者看
	采纳方法：化解渠道冲突 朱玉童 编著	系统剖析渠道冲突，21个渠道冲突案例，情景式讲解，37篇讲义	系统、全面
	学话术 卖产品 张小虎 著	分析常见的顾客异议，将优秀的话术模块化	让普通导购员也能成为销售精英
	向高层销售：与决策者有效打交道 贺兵一 著	一套完整有效的销售策略	有工具，有方法，有案例，通俗易懂
	通路精耕操作全解：快消品20年实战精华 周俊 陈小龙 著	通路精耕的详细全解，每一步的具体操作方法和表单全部无保留提供	康师傅二十年的经验和精华，实践证明的最有效方法，教你如何主宰通路

管理者读的文史哲·生活

	书名·作者	内容/特色	读者价值
思想·文化	德鲁克管理思想解读 罗珉 著	用独特视角和研究方法，对德鲁克的管理理论进行了深度解读与剖析	不仅是摘引和粗浅分析，还是作者多年深入研究的成果，非常可贵
	德鲁克与他的论敌们：马斯洛、戴明、彼得斯 罗珉 著	几位大师之间的论战和思想碰撞令人受益匪浅	对大师们的观点和著作进行了大量的理论加工，去伪存真、去粗取精，同时有自己独特的体系深度
	德鲁克管理学 张远凤 著	本书以德鲁克管理思想的发展为线索，从一个侧面展示了20世纪管理学的发展历程	通俗易懂，脉络清晰
	王阳明"万物一体"论：从"身-体"的立场看（修订版） 陈立胜 著	以身体哲学分析王阳明思想中的"仁"与"乐"	进一步了解传统文化，了解王阳明的思想
	自我与世界：以问题为中心的现象学运动研究 陈立胜 著	以问题为中心，对现象学运动中的"意向性""自我""他人""身体"及"世界"各核心议题之思想史背景与内在发展理路进行深入细致的分析	深入了解现象学中的几个主要问题
	作为身体哲学的中国古代哲学 张再林 著	上篇为中国古代身体哲学理论体系奠基性部分，下篇对由"上篇"所开出的中国身体哲学理论体系的进一步的阐发和拓展	了解什么是真正原生态意义上的中国哲学，把中国传统哲学与西方传统哲学加以严格区别
	中西哲学的歧异与会通 张再林 著	本书以一种现代解释学的方法，对中国传统哲学内在本质尝试一种全新的和全方位的解读	发掘出掩埋在古老传统形式下的现代特质和活的生命，在此基础上揭示中西哲学"你中有我，我中有你"之旨
	治论：中国古代管理思想 张再林 著	本书主要从儒、法墨三家阐述中国古代管理思想	看人本主义的管理理论如何不留斧痕地克服似乎无法调解的存在于人类社会行为与社会组织中的种种两难和对立
	车过麻城 再晤李贽 张再林 著	系统全面而又简明扼要地展示了李贽独到的学术眼力和超拔的理论建树	帮助读者重新认识李贽的思想
	中国古代政治制度（修订版）上：皇帝制度与中央政府 刘文瑞 著	全面论证了古代皇帝制度的形成和演变的历程	有助于读者从政治制度角度了解中国国情的历史渊源
	中国古代政治制度（修订版）下：地方体制与官僚制度 刘文瑞 著	全面论证了古代地方政府的发展演变过程	有助于读者从政治制度角度了解中国国情的历史渊源
	中国思想文化十八讲（修订版） 张茂泽 著	中国古代的宗教思想文化，如对祖先崇拜、儒家天命观、中国古代关于"神"的讨论等	宗教文化和人生信仰或信念紧密相联，在文化转型时期学习和研究中国宗教文化就有特别的现实意义

续表

思想·文化	史幼波《大学》讲记 史幼波 著	用儒释道的观点阐释大学的深刻思想	一本书读懂传统文化经典
	史幼波《周子通书》《太极图说》讲记 史幼波 著	把形而上的宇宙、天地，与形而下的社会、人生、经济、文化等融合在一起	将儒家的一整套学修系统融合起来
	史幼波《中庸》讲记(上下册) 史幼波 著	全面、深入浅出地揭示儒家中庸文化的真谛	儒释道三家思想融会贯通
	梁涛讲《孟子》之万章篇 梁涛 著	《万章》主要记录孟子与万章的对话，涉及孝道、亲情、友情、出仕为官等	作者的解读能帮助读者更好地理解孟子及儒学
	两晋南北朝十二讲(修订版) 李文才 著	作为一本普及性读物，作者尊重史实，运用"历史心理学"的叙事方法，分12个专题对两晋南北朝的历史进行阐述	让读者轻松了解两晋南北朝的历史
	每个中国人身上的春秋基因 史贤龙 著	春秋368年(公元前770－公元前403年)，每一个中国人都可以在这段时期的历史中找到自己的祖先，看到真实发生的事件，同时也看到自己	长情商、识人心
	与《老子》一起思考：德篇 史贤龙 著	打通文史，回归哲慧，纵贯古今，放眼中外，妙语迭出，在当今的老子读本中别具一格	深读有深读的回味，浅尝有浅尝的机敏，可给读者不同的启发
	说服天下：《鬼谷子》的中国沟通术 翟玉忠 著	由内圣而外王，从心力的培育到具体的说服理论，再到生动的说服案例	从商业到军事再到日常生活，沟通说服已经变得越来越重要
	读《管子》，知天下财富：轻重术与中国古典经济思想 翟玉忠 著	中国农业社会规模庞大的市场产了复杂发展的经济理论——以《管子》轻重十六篇为核心的轻重术	本书分为道、术两大部分，有思想、有谋略，相信你会从中有所收获
	中国商道：从古典商书说开去 翟玉忠 著	对中国先秦和明清两个商品经济大发展时期商业典籍的第一次系统整理和诠释	中华商道一脉相承，造就了无数商业奇迹，成就了无数商业巨子。今人读之，必能获益
	跟陈忠建学写名家书法Ⅰ 跟陈忠建学写名家书法Ⅱ 陈忠建 著	中国台湾著名书法教育家，用视频手把手教你摹写历代名家笔触	用拟古千字文的形式，学习名家的技巧
	像美国人一样讲话：教你记住800句最地道的美语 马方旭 著	本书基本囊括了在美国最常用最地道的800习惯用语表达，包含中英双语翻译，以及清晰明了的注解帮助增强记忆，加入视频等流行的记忆方法	易读易懂，趣味十足
	郑子太极拳理拳法 杨竣雄 著	走进郑子太极拳完整训练体系的大门，随着书中另一主角——师父的课程安排与每日功课的练习	当您学完这套书后，在掌握拳架的同时具备诸多正确的太极理念与系统知识
	内功太极拳训练教程 王铁仁 编著	杨式(内功)太极拳(俗称老六路)的详细介绍及具体修炼方法，身心的一次升华	书中含有大量图解并有相关视频供读者同步学习
	中医治心脏病 马宝琳 著	引用众多真实案例，客观真实地讲述了中西医对于心脏病的认识及治疗方法	看完这本书，能为您节约10万元医药费